KB040289

TV에서 볼 수 없는 북한

TV에서 볼 수 없는 북한

가모시타 히로미 지음/ 이용화 옮김

차례

4장 통제강화와 지방격차

5장 베이징에서 본 북한

북한
N

송화강   투먼
                    옌지 •
중화인민공화국   두만강
                                    나진
백두산   함경북도
2744
                        청진 •

            양강도

압록강
        자강도

단둥   함경남도
    평안북도
                • 함흥
조선민주주의 인민 공화국

    평안남도
                • 원산
    ○ 평양

        강원도
    황해북도   ▲금강산
황해남도   1638
                        설악산 ▲
    개성 •   1708
        • 판문점
        ○ 서울   대한민국

러시아연방

동해

서해   0   100 km

한국어판 서문

한국 독자 여러분, 안녕하세요.

이번에 졸저를 한국에서 출판하게 되어 매우 기쁩니다.
저는 대학에서 한국어를 배우고 한국의 연세대학교에 1년간 유학한 후 일본 TV 방송국에 입사해 기자가 되었습니다. 2004년부터 2009년까지 특파원으로 서울에서 살았습니다.

한국에서 만난 사람들을 잊을 수 없고, 보고 싶은 친구들의 얼굴이 떠오릅니다. 때로는 서로 이해하지 못해 싸우기도 했지만 모두가 나를 이끌어주었습니다. 그래서 저에게 한국은 아주 특별하고 애착이 가는 소중한 나라입니다.

제가 한반도를 처음 알게 된 것은 중학생 시절이었습니다.
학교 선배가 졸업 후 조선학교에 들어갔다는 소식을 듣고 깜짝 놀랐습니다.
일본인이 아니라는 것도 몰랐고, 주변에 재일조선인들이 살고 있는 것을 알게 된 것도 처음이었기 때문입니다. 자신이 사는 세계가 이전과 완전히 달라진 모습으로 다가온 체험이었습니다.

취재로 방문한 북한은 우리가 평소 사는 사회와는 '전혀 다른 세계'였습니다.
자유로운 취재는 물론 할 수 없었고, 만나야 할 사람들도 북한 당국이 허가한 사람들 뿐 이었습니다.

그래도 북한에서 만난 사람들은 놀라울 정도로 소박했고, 한국의 친구들과 같이 변함없는 보통 사람들의 삶을 살고 있었습니다. 여러 번 얼굴을 맞대고 이야기하다 보면 서로 마음을 풀고 가족 이야기, 자식 교육에 관한 고민을 털어놓는 등 북한 사람들의 숨결을 느낄 수 있었습니다.
김정은 정권 하에서 처음 북한으로 들어간 2013년경 북한 사회에는 뭔가 새로운 시대가 시작될 것 같은 기대감과 희망이 느껴지는 밝은 분위기가 넘쳐 있었습니다.

그런데 그 기대감과 희망은 점점 사라져 갔고 통제가 심해지고 말았던 것은 참 안타까운 일이었습니다.

여러 번 취재를 해도 북한의 모습을 제대로 아는 것은 매우 어렵게 느껴집니다. 그렇지만 조금이라도 상대를 알면, 자신이 몰랐던 '새로운 세계'가 보입니다. 한국 독자분들께 이 책이 조금이라도 북한의 '새로운 모습'을 보고 이해하는 데 도움이 된다면 그 이상의 기쁨은 없을 것입니다.

2022년 5월
가모시타 히로미

들어가며

전시의 공습경보란 이런 소리일 것이다. 그리고 경보음의 울림은 사람을 불안에 빠뜨릴 것이다. "미사일 발사! 미사일 발사! 북한에서 미사일이 발사된 것 같습니다. 대상지역은 튼튼한 건물이나 지하로 대피해 주시기 바랍니다."

2017년 8월 29일 오전 6시 02분, 북한의 미사일이 홋카이도北海道 상공을 통과하여 전국 순시 경보시스템(J-Alert)[1]이 오키나와 현沖縄県을 제외한 광범위한 지역에서 처음으로 발동되었다. TV화면이 일제히 '국민보호에 관한 정보'라는 큰 글씨가 적힌 'J-얼러트 화면'으로 전환되었다. 아침 뉴스 시간대였지만 미사일 발사 긴급 특별 프로그램으로 바뀌었다.

나도 긴급연락을 받고 곧장 TV국으로 향했다.

6시 6분, 미사일은 홋카이도에서 태평양으로 통과.

6시 12분, 미사일은 에리모 곶襟裳岬 동쪽 약 1,180킬로미터 지점의 태평양 상공에서 낙하.

시시각각 미사일 정보가 전해졌다.

피난대상 지역에서는 사이렌이 울리고 방재 무선을 통해 대피하라는 안내가 이어졌다. 주민들은 갑작스런 사태에 당황했다. 발사부터 통과까지 불과 10분 정도 걸렸다. 도대체 어떻게 피신해야 하는가?

'북한의 미사일이 일본에 날아와 떨어진다.' 지금까지 공상만 하던 일이 직접 현실이 되고 있음을 온 일본이 실감한 사건이었다.

김일성에서 김정일로, 그리고 김정일에서 김정은으로. 대가 바뀔 때마다 독재체제의 붕괴 가능성이 거론되어왔다.

---

[1] 재해나 유사시의 초기 첫 정보를 일본 전역에 구축한 방재행정무선을 자동적으로 가동시켜 발신하는 시스템이다.

그러나 3대 세습은 아직도 흔들리지 않고 있다.

　북한은 그동안 핵개발을 카드로 국제사회를 계속 뒤흔들어 왔다. 핵시설 동결과 그 대가로 지원을 결정한 제네바합의(1994)[2], 북한과 한·미·일·중·러의 관계국이 북한의 핵문제를 논의한 6개국협의(2003년 개시) 등 국제사회의 대처는 결국 북한의 핵개발을 위한 시간벌이에 지나지 않았다. 김정은 체제에 들어서 탄도미사일 개발은 더욱 속도를 높였다.

　나는 다섯 번 김정은을 바로 눈앞에서 보았다. 모두 북한이 해외 언론을 초청해 취재하게 하는 축하 행사장이었다. 북한 입장에서는 절호의 선전기회임에도 불구하고 김정은은 시무룩한 표정이었다. 가끔 내보이는 웃음 띤 얼굴에도 언짢음이 녹아 있었다.

　심기 불편한 표정의 독재자. 나는 김정은에게 이런 인상을 받았다.

　북한, 특히 김정은에 대한 정보는 일본뿐만 아니라 국제사회에도 넘쳐난다. 그러나 그 중에 사실은 얼마나 될까……. 이 책에서는 내가 실제로 보고 느낀 '이것이 북한의 실상'이라 믿을 수 있는 것만을 기록했다.

　2017년 말, 한창 이 글을 쓰고 있을 때에도 김정은은 국제사회를 휘두르고 있었다. 국제사회에 넘쳐나는 정보로는 그렇게 보였다.

　그러나 문득 떠오른 생각이 있다. 사실 김정은 자신이 가장 공포에 시달리고 있는 것은 아닐까? 국제사회, 안전보장, 전략 등의 세련된 언어가 아닌, 궁지에 내몰린 사람이 품은 감정을 읽어냄으로써 북한을 이해할 필요가 있지 않을까?

　유소년기를 스위스에서 보내고 어머니가 재일조선인인 그는 국제사회에서 북한이 어떻게 보이는지 들려주지 않아도 알고 있다. 그렇기 때문에 고층아파트와

2　1994년 9월 23일에서 10월 17일 개최된 북한과 미국 간 3단계 고위급회담 2차 회의에서 양국이 서명한 기본 합의문을 말한다.

신공항 등의 건설에 집착하는 것이다. 북한을 겉보기만이라도 국제수준에 가깝게 만들고 싶어 한다. 그러나 모든 것이 김정은 생각대로 진행되는 것은 아니다. 그 딜레마가 해소되지 않는 한 그의 불편한 심기는 사라지지 않을 것이다.

나는 대학에서 한국어를 배우고 후지TV 기자로서 1990년부터 2016년에 걸쳐 총 13번 북한을 방문하여 이 나라를 관찰해 왔다.

맨 처음 방문했던 1990년, 평양 중심부의 밤은 빛이 거의 없고 인적도 뜸했다. 띄엄띄엄 불이 켜진 희미한 불빛 아래에서 열심히 책을 읽고 있던 소년의 모습이 잊히지 않는다.

그 후에도 북한의 축하행사 등의 취재를 위해 그곳에 갔고 그 대부분은 후지TV의 뉴스와 인터넷·보도국의 프로그램 '가모짱네루鴨ちゃんねる'(2015~2017년)에서 특집으로 방송했다. 이 책에서는 북한 현지취재를 중심으로 북한의 '단층'을 재현해 보려고 하였다.

일본인 대부분은 북한에 대해 '무슨 일을 저지를지 예측불가능', '폐쇄국가', '무섭다'라는 이미지를 가지고 있다. 한편 북한 주민은 '김정은에게 절대 충성'을 철저히 주입 받고 있다. '자기들이 국제사회로부터 고립된 것은 미국 탓'이라고 굳게 믿고 있다. '일본과 미국을 원수로 여기자!' 라고 교육 받고 주민끼리 서로 감시하고 있다.

그러나 실제로 북한 주민의 숨결을 가까이에서 느껴보면 다른 면도 엿보이기 시작한다.

그들은 특별히 힘이 강한 것도 아니며 지능이 우수한 것도 아니다. '외국인을 보면 외화를 빼앗아라'라고 교육시키고 있는 것도 아니다. 그들의 솔직한 생각과 일상생활 속에서 느끼고 있는 기쁨과 고민을 함께 해보면 그것은 분명히 북한 당국이 발신하는 '대외적인 선전문구'와 다르다는 것을 알 수 있다.

일본 국내에 있으면서 마음속으로 생각하고 있는 북한 주민의 이미지와 실제 북한에 사는 주민들의 이미지 차이는 너무나도 크다. 나는 북한을 방문할 때마다 이런 것을 실감하였다. 본래 일반 서민은 우리와 같은 보통 사람들이다. 북한 특유의 가치관과 체제에 의한 제약이 그들을 이질적인 존재로 만들고 있을 뿐이다.

주변국에 위협을 주고 있어도, 그들의 눈으로 보면 주변 환경은 또 다르게 보인다.

'세계 최빈국이며 약소국인 그들이 살아남기 위한 처방전' 김씨 일가, 그 중에서도 김정은에게 그것은 핵개발이었다. 그렇지만 북한 주민에게는 다른 처방전이 있을 것이다. 그것을 밝혀내야 한다. 그러기 위해서는 북한을 있는 그대로 이해하고, 그들을 국제사회로 끌어내기 위한 카드를 찾아내는 것밖에 방법이 없다. '심기 불편한 지도자'의 사고회로는 어떠한지, 어떤 이상상을 갖고 있으며 국제사회와 어떻게 타협할 것인가? TV에는 내보낼 수 없었던 이런저런 이야기를 모두 담아내어 그 단면을 그리고 싶다.

본문에서는 경칭을 생략했다. 사진은 저자 촬영 이외에 후지TV의 취재영상(아스타 마코토, 구보다 고지, 나가다 고이 카메라맨이 촬영)에서 인용했다.

1장 심기 불편한 독재자

평양의 김일성광장에서 개최된 조선노동당 창건 70주년의
군사 퍼레이드에서 경례하는 김정은 제1서기
(2015년 10월)

1. 내가 본 김정은

1호 행사

내가 김정은을 처음으로 가까이에서 본 것은 2013년 7월 27일로 잊을 수 없는 날이다. 북한이 '조국해방전쟁 승리기념일'이라고 이름 붙인 한국전쟁 휴전으로부터 60주년 기념행사의 제1탄이었다. 김정은이 최고지도자로 취임한 후, 두 번째로 외국 언론을 대거 초청하여 김정은 체제하의 북한의 모습을 대대적으로 내외에 공개하였다. 김정은은 도대체 어떤 지도자일까? 나는 기대와 불안이 뒤섞인 마음으로 김정은을 실제로 볼 수 있게 되길 기대하고 있었다.

취재 첫날, 우리가 안내받은 곳은 한국전쟁에서 목숨을 잃은 병사들을 모신 전몰자묘지 준공식이었다.

이른 아침부터 기자단은 김정은의 참석여부도 전혀 전달받지 못하고, 무슨 일이 일어날지도 모르는 채 현장으로 향했다. 휴대전화와 퍼스널 컴퓨터는 가져갈 수 없었다. 현장에서는 총을 든 병사에 의한 엄중한 몸수색으로 긴장감이 감돌고 있었다. 북한측의 대응도 혼란스러웠다. 취재위치의 설정이 여러 번 바뀌었다. 그때마다 조금이라도 좋은 장소를 잡으려고 외국 언론은 자리쟁탈전을 벌였다.

'도대체 어떻게 된 거야!'

당국의 지시에 우왕좌왕하는 사이에 김정은이 갑자기 회장에 모습을 드러냈다.

취재 구역에서 김정은까지의 거리는 50미터 정도였을까. 이동하는 모습을 필사적으로 눈으로 좇으면서 나는 순간적으로 "김정은 제1서기(당시)가 계단을 올라가 앞으로 나가고 있습니다. 큰 박수와 환성이 터져 나오고 있습니다"라고 보도하였다.

처음 본 김정은의 뒷모습은 깎아 올린 머리, 목이 굵고 목 부위의 살이 두 겹으로 솟아 올라있었다. 그 모습이 지금도 눈에 선하게 남아 있다.

'할아버지 김일성 주석과 닮았다.'

'체형은 아버지를 쏙 빼닮은 느낌이다.'

그의 모습을 보면서 다양한 형용사가 머리에 떠올랐다.

이 때 김정은은 최고지도자가 된 지 2년도 채 안 됐다. 주변 인물은 아버지 김정일시대부터의 측근이 중심이었고, 아직 고모 김경희도 건재하였다. 김정은도 약간 긴장된 표정이었고 어딘지 모르게 어색한 모습이었던 것을 기억하고 있다. 후계자로서 어떻게 대처해야 할지 몰라서 본인이나 주위사람도 갈팡질팡하던 시기였던 것 같다.

그리고 나서 2016년 5월까지 모두 다섯 번의 취재에서 김정은을 실제로 보았다.

지금 생각해보면, 2013년은 김정은이 해외 언론 앞에 가장 많이 모습을 드러낸 시기였다.

한국전쟁 전몰자묘지 준공식, 조국해방전쟁승리 기념관[1] 리뉴얼 오픈,

---

1   한국 전쟁에서 '미제국주의에 승리'(정전 협정에 의해 한반도 북반부에서 사회주의 체제가 승리했다는 것을 의미)한 김일성의 업적을 기념하는 군사·전쟁 박물관이다.

아리랑 축제² 감상…….

후계자로서 막 등장한 김정은은 해외 언론의 수용에 즈음하여 신문 등의 활자매체보다도 영상을 선호해 TV언론의 취재를 우선시하였다. 아버지는 언론 앞에 전혀 모습을 드러내지 않은 채 비밀주의로 일관하여 카리스마를 유지하였다. 김정은은 아버지와는 대조적으로 육성으로 연설하기도 하고, 인민과 접촉하는 모습을 적극적으로 공개하는 할아버지 김일성을 의식한 통치수법을 취하였다. 이 때문에 김정은 체제 초기에는 변화로의 기대와 일종의 해방감조차 확산되고 있었다.

김정은이 참석하는 행사는 '1호 행사'라고 부르며 모든 참석자는 정신이 아찔해질 정도의 시큐리티 체크^{보안을 위한 신체검사}가 실시된다. 큰 행사가 있으면 주민들은 몇 시간 전부터 대회장 주변에 대기하는 것이 보통이다. 보도진에게는 퍼스널 컴퓨터와 휴대전화를 절대로 가져갈 수 없고 재킷과 넥타이 착용을 요구하였다. 최고지도자의 동정은 '일급기밀'이기 때문에 김정은의 출석을 사전에 알리는 경우는 없다.

다만, 언론담당자의 긴장감이 단숨에 고조되기 때문에 우리들은 그것을 보고 '1호 행사'임을 짐작한다. 언론관계자는 행사개시 4~5시간 전에 불러 모아 놓고 하염없이 기다리게 한 후에야 겨우 김정은의 모습을 '알현'할 수 있도록 허용한다. 2013년에는 병사에 의한 몸수색만 실시하던 것을 2016년에는 X선 탐지기를 이용해 2중, 3중으로 검색하는 체제로 강화되었다. 신변 안전에 불안을 느낀 김정은의 마음을 헤아리고 있는 것일까?

김정은 체제의 권력기반이 확고해짐에 따라 북한에서의 취재규제가 강화되어 행사담당자가 최고지도자의 안전에 극도로 신경을 곤두세우게 되었다.

김정은의 현지시찰에서는 매번 측근들이 믿을 수 없을 만큼 굽신거리

---

2 평양시의 룽라도 5.1 경기장에서 4월 15일 김일성의 생일을 기리는 축제이다.

고, 지도의 '말씀'이 있으면 한마디도 놓치지 않으려고 필사적으로 메모하는 모습이 보도된다. 상호감시가 구석구석까지 철저히 이루어지고 있는 북한에서 간부들은 김정은에게 서로 충성을 경쟁하는 것으로 자신의 몸을 지켜내지 않으면 안 된다. 조금이라도 충성을 의심받는 사태가 되면 무자비하게 숙청되어 버리기 때문이다. 북한을 방문할 때마다 김정은 1인 독재가 점점 단계적으로 확대되는 것을 느꼈다.

한걸음 더 '밀착' 취재

당시의 취재는 현재와 비교하면 매우 자유로웠던 것 같다.

그 상징이라고도 말할 수 있는 것이 김정은과 해외 언론의 "이상 접근"이다.

2013년 7월, 전승기념일의 리뉴얼 오픈 첫날이었다. 해외 언론이 관내에서 한창 촬영 중이었는데 김정은이 중국의 국가부주석(당시) 리위안차오李源潮[3]를 안내하면서 일부 언론의 바로 옆을 지나가는 해프닝이 벌어졌다.

김정은의 모습을 발견한 홍콩 봉황TV[4]의 기자가 즉석에서 '밀착' 취재를 시도하였다.

"김정은 원수, (한국전쟁)휴전 60주년인데 중국 국민에게 무언가 한 말씀(하실 말이 없습니까)?"

기자가 영어로 잠깐 말을 걸자, 김정은은 한순간 놀란 듯한 표정을 짓더니 아무 말 없이 그 자리를 떠났다.

후지TV의 카메라맨도 순간적으로 김정은에게 접근하려고 했지만 경호관에게 저지당하였다. 경비가 강화된 지금은 도저히 생각할 수 없는 귀중한 기회였다.

3　중국의 정치가. 국가부주석, 장쑤성(江蘇省) 당위원회 서기 등을 역임했다.
4　1996년 3월 설립된 홍콩의 위성방송사이다.

만약, 눈앞에 김정은이 나타난다면 물어보고 싶은 것이 너무 많다.

왜 핵미사일 개발을 계속하는 것인가?

미국 본토와 일본을 정말로 공격할 생각이 있는가?

왜 고모부 장성택과 배다른 형 김정남을 살해했는가?

……그의 생각을 직접 들을 수 있다면 그것이 아무리 과격한 주장이더라도 어느 정도 진심이 담겨 있을 것이다. 김정은의 폭주를 멈추고 한반도의 긴장을 완화시키는 힌트를 찾을 수 있을지도 모른다.

초기에는 최고지도자의 중압감에 시달리고 있는 것처럼 보였던 김정은이 해를 거듭할수록 당당한 태도로 독재자로서의 기운을 발산하게 되었다. 체중도 볼 때마다 불어났다. 한국 국가정보원(국정원)은 김정은의 체중을 2012년에 90킬로이던 것을 2016년에는 130킬로에 달하는 것으로 추정하고 있다. 나는 처음에 '김일성처럼 좋은 풍채를 연출하기 위해 필사적으로 살을 찌우고 있다'고 생각도 했지만, 실제로는 스트레스 때문에 급격히 살이 찐 것 같다. 신변의 안전에 불안을 느껴 불면증이 있고 폭음폭식을 되풀이하고 있기 때문에 성인병에 걸릴 가능성이 있다, 라고 지적되고 있다.

'미사일과 핵실험 성공'이라고 보도될 때마다 만면의 미소를 머금은 김정은의 사진이 세계를 돌아다니고 있다. 그러나 북한의 국영보도는 대본영[5] 발표와 같은 것이다. 김정은 예찬과 체제 선전이 기본이므로 현실과는 크게 동떨어져 있다고 말할 수 있다. 김정은의 웃음 띤 얼굴도 어디까지나 선전의 일환인 것이다.

---

5 전시 일본 천황 직속의 최고 통수기관이다.

2. 로열패밀리

복잡한 가계도

북한에서는 건국의 아버지 김일성부터 그의 장남 김정일, 또 그의 3남 김정은으로 3대에 걸쳐 권력이 세습되었다. '대를 이어 혁명의 혈통과 전통을 계승한다'라는 이론이, 세계에서 유례를 찾을 수 없는 권력 세습이 가능하다.

북한의 후계이론은 아들에 의한 후계가 전제되어 있다. 한반도의 문화에서는 "유교적인 사고가 지배적이고, 여러 가지를 유지하고 계승하는 것은 남자 자손이라는 것을 암묵적으로 인정하고 있을지도 모르겠다"(베이징의 외교 관계자)는 견해가 유력하다.

김씨 일가의 가계도는 정말 복잡하다. 어떻게 김정은에게 체제가 승계되었는가를 이야기하기 전에 가족관계를 정리해 두겠다.

북한에서는 로열패밀리의 사생활이 공표되기는커녕 모두 비밀사항이며 그것을 알려고 하는 것 자체가 '스파이 죄'에 해당한다. 김일성과 김정일에게 복잡한 여성관계가 있었다는 것은 서구의 자본주의 국가에서는 널리 알려져 있는 사실이지만, 이 이야기의 대부분은 친족과 사생활에 관여했던 측근들의 증언에 기초한 것이다. 여기에서는 김정일에 관한 정보를 정리해보겠다.

일본과 한국의 보도기관이 전한 정보를 종합하면 김정일에게는 3명의 '처'가 있었다고 여겨진다. 일본의 가치관으로 생각하면 봉건시대의 왕조와 같다.

① 공식적인 처 김영숙
② 유부녀였던 영화배우 성혜림 = 2002년 5월 사망
③ 오사카 출생의 귀국자이자 무용가였던 고영희 = 2004년 사망

이 3명이 '퍼스트레이디'로서 대접을 받아왔다. 또 김형직사범대학[6] 학장인 홍일천 사이에도 딸이 2명 있다는 정보가 있지만 확인되지는 않았다.

중국 외무성 소속의 세계지식출판사가 격주로 발행하고 있는 잡지 '세계지식'에 한국과 일본의 언론을 인용하면서 김일성과 김정일의 사생활에 관해서 쓴 특집기사가 있다. 거기에는 "김 총서기는 모두 4번의 결혼 경력이 있다"고 소개되어 있다. 기사의 개요를 보겠다.

맨 처음 결혼 상대자와는 두 가지 설이 있다.

한 명은 김일성종합대학을 졸업하고 북한 최고인민회의 대의원도 역임한 적이 있는 홍일천. 다른 한 명은 함경북도 안전국의 전화교환수와 조선노동당 중앙 타이피스트로 근무했던 김영숙. 두 가지 설은 큰 차이가 있지만 키워드는 모두 '김일성이 선택한 퍼스트레이디'라는 점이다. 그렇지만 아버지가 맺어준 결혼은 결코 행복하지 않았다. 결혼 후 곧바로 여자 아이가 태어났지만 더 이상 두 사람 사이에 공통된 화제가 없었으며 혼인관계는 3년으로 끝났다.

1968년 26살이던 김정일은 조선노동당 선전선동부 부부장을 맡고, 문화·예술분야를 담당하고 있었다. 그 때 영화배우인 성혜림을 알게 되었다. 성혜림은 이미 30세를 넘긴 유부녀로 자녀도 있었다. 유소년기에 어머니를 잃은 김정일은 성혜림에게 모성애와 같은 감정을 느꼈던 것으로 보인다. 두 사람은 사랑에 빠졌다. 김정일은 첫 번째 처와 이혼했고 성혜림도 남편과 헤어졌다. 그렇지만 이 일을 김일성이 반대하였다. 영화배우 출신으로 김정일보다도 연상인데다가 한국 출신이고, 더군다나 결혼했던 경력도 있기 때문이었다.

북한의 전통에 비추어 보아도, 또 정치적으로 보아도 성혜림은 '퍼스

---

6 1948년에 설립된 북한 최초의 사범대학이다.

트레이디'의 기준에 미달이었다. 결국 성혜림과의 결혼은 평생 김일성에게 인정받지 못한 채, '김정일의 부인'으로서 공식 석장에 모습을 드러낼 수 없었다. 성혜림은 장남인 김정남을 낳은 후 정신적으로도 점차 불안감에 시달리게 되었다고 한다. 그 후 치료를 위해 모스크바에 은둔하였고 2002년 5월에 병사하였다. 겉으로 드러나지 않는 울적한 생각을 가슴에 품은 채로 죽었을까.

일본 태생의 퍼스트레이디

성혜림이 죽은 후, 김정일의 삶에 또 한 명의 여인이 나타났다.

그녀는 명실공이 '조선 제1부인(북한의 퍼스트레이디)'인 고영희다.

성혜림과 고영희는 모두 일본의 요시나가 사유리吉永小百合(영화배우/가수) 씨와 닮은 '동양미녀'다. 고영희는 1953년 일본 태생이다. 60년대에 가족이 일본에서 북한으로 귀국하였다. 그녀는 70년대 초에 만수대예술단에 입단하였다. 김일성 주석의 파티에서 김정일은 고영희에게 한눈에 반했다고 한다. 두 사람은 동거를 하게 되었고 아들 둘과 딸 하나를 얻었다.

그렇다고 해도 고영희의 존재는 오랫동안 베일에 싸여 있었으며 공식 석상에서 존재가 확인된 것은 비교적 최근의 일이다. 1999년부터 군대 내에서 고영희를 '평양의 어머니'라고 부르는 내부적인 선전을 시작, 조선인민군 총정치국은 예술가를 조직해 '친애하는 어머니' 등의 가곡을 창작하고 군대에 보급시켰다. 2004년 고영희가 유방암으로 사망하자, 북한에서는 '백두산에서 한라산까지'라는 선전문구가 등장했다. 백두산은 김정일의 출생지이고 한라산은 고영희의 원적지이기 때문에 이 선전문구는 고영희를 신성화 한 것이다.

그리고 고영희가 죽은 후 김정일 곁에서 시중 든 사람은 개인비서 김옥이었다. 외교활동에서 부인의 역할을 했을 뿐만 아니라 국정을 수행하는 중요한 보좌역을 맡았다. 2006년에 김정일이 중국을 방문했을 때 김옥은 국방위원회(당시) 과장 자격으로 수행하였다. 연회 때에 북한측은 중국측에게 "과장이면서 부인이기도 하다"라고 소개했다고 한다. 2000년 10월에 조명록 국방위원회 제1부위원장(당시)이 김정일의 특사로 방미했을 때와 김정일이 한국 현대그룹 정주영 회장과 회견했을 때도 동석하였다.

2011년 5월, 김정일의 생전 마지막이 된 중국 방문에서는 김정일을 밀착 수행하는 김옥의 모습이 곳곳에서 목격되었다. 김정일이 병으로 쓰러진 이후 김옥은 직접 그의 간병을 도맡고 다른 사람의 손을 빌리지 않았다고 한다. 장남인 김정남조차 "아버지가 병으로 쓰러진 이후, 김옥이 자신의 연락을 아버지에게 전해주지 않는다"라고 불만을 토로하였다. 김정남이 보낸 팩스를 김옥이 버린 적도 있었던 것 같다. 그녀는 김정일이 죽은 후 정식 무대에서 모습을 드러내지 않았다.

김정일의 퍼스트레이디들은 모두 공식적인 자리에는 나오지 않는 '당당히 내세울만한 인물'이 아니었다. 김정은은 최고지도자 취임 당시부터 부인의 존재를 분명히 밝히고 주목을 끌었다. 자신의 아내에게는 어머니와 같은 '떳떳하지 못한 느낌'을 갖지 않게 해주고 싶었을지도 모른다.

3. 김정일의 죽음과 후계 체제

3명의 아들

내가 서울에 주재하고 있던 2000년대, 김정일의 후계자는 누가 될 것인가가 큰 관심거리였다. 김정일의 가족관계에서 후보로써 지목되고 있던 사람은 다음의 3명이었다.

① 성혜림과의 사이에 태어난 장남 김정남(1971년 5월 10일생)

② 고영희와의 사이에 태어난 차남 김정철(1980년 9월 25일생 = 1981년생이라는 설도 있음)

③ 그의 동생 3남 김정은

그 외, 김일성이 자신을 담당한 간호사를 통해 얻은 숨겨진 아들 장현(1971년생)도 후계 후보로 거론되었다. 김일성이 부인 김성애에게 발각되지 않도록 매제인 장성택의 호적에 올렸기 때문에 '장'씨 성을 갖게 되었다고 한다. 장현에 대해서는 "성격은 조심스럽고 매우 예의바랐다", "피부가 하얗고 눈매와 눈썹이 젊은 날의 김일성과 똑같았다"(이한영 저, 《김정일에게 암살된 나》)라는 증언과 동유럽의 북한대사관에 근무하고 있다는 정보가 있지만 인물에 대해서는 확실치 않다.

이러한 상황 속에 2008년 8월 중순, 김정일이 갑자기 뇌졸중으로 쓰러졌다. 나는 이 정보를 비교적 빠른 8월 하순에 알았다. 김정일이 후계자를 지명하지 않은 채 집권능력을 잃는 사태가 된다면 북한은 큰 혼란에 빠진다. 과연 질병의 상태는 어느 정도일까. 그것을 판별할 수 있는 열쇠가 되는 날이 9월 9일 북한의 건국기념일이었다.

건국기념일은 북한의 중요한 기념일 중의 하나로 2008년은 건국 60주년이었다. 중요행사의 5년, 10년의 고비에는 최고지도자가 출석하는 것이 관례다. 김정일이 이 행사에 참석하지 못한다면 건강 상태가 대단히 심각하다는 것을 의미한다. 과연 그는 나타날 것인가? 나는 그 점에 주목하고 있었다.

행사는 이변의 연속이었다. 오전에 개최하겠다던 축하행사는 좀처럼 시작되지 않았다. 군사 퍼레이드도 할 기색이 없다. 오후가 되어서야 겨우 행사 개최를 전달받았다. 그러나 행사의 꽃인 군사 퍼레이드는 군이 아닌 노동적위대라고 불리는 민간군사조직의 열병식으로 변경되었고, 게다가 그

광경을 내려다 볼 계단식 단상에 김정일의 모습은 없었다.

북한 언론에 의하면, 김정일은 1991년 조선인민군의 최고사령관에 취임한 이래 군사 퍼레이드에는 빠짐없이 참석해 왔다. 건국 50주년, 55년의 행사에도 참석하였다.

뭔가 이상하다. 김정일의 건강이상설이 순식간에 전 세계에 퍼졌다. 북한측은 건강이상설을 완전히 부정했지만, 사실 내부에서는 위기감이 고조되어 있었다. 김정일에 의한 통치시스템에 금이 가고, 독제체제에 동요가 일어나 김왕조를 무너뜨리려고 생각하는 세력이 출현할 우려가 있기 때문이다.

김정일이 쓰러지기까지 북한 내부에서는 후계자 문제가 공식적으로 거론되는 일은 없었다. 김정일 자신이 후계자 문제를 봉인하고 있었기 때문이었다. 김정일이 후계자로 내정된 것은 1974년이다. 1980년의 조선노동당 대회에서 처음 공식적인 자리에 등장해 후계자로서의 지위를 확립하였다. 김일성을 따라다니며 20년 넘게 후계자 준비를 해 온 김정일은 후계자를 결정하면 권력과 민심이 그쪽으로 옮겨갈 것을 익히 잘 알고 있었다.

그러나 자신이 병으로 쓰러진 일로 인해 사태는 격변하였다. 서둘러 후계자를 정하지 않으면 김왕조의 존속이 유지될 수 없게 된다. 후계자를 누구로 할 것인가, 후계자에게 어떤 방법으로 카리스마를 몸에 지니게 하고 어떠한 형태로 인민에게 공개할 것인가, 권력중추부는 비밀리에 검토를 진행하였다.

어쨌든 후계자 계승을 둘러싸고 집안싸움이 벌어질 것은 당연한 일. 그러나 북한은 독제체제이고 세계에서 유례를 찾아볼 수 없는 세습제이다. 역시 마지막에는 혈통이 말할 것이다.

'특별방송'의 날

조선중앙통신은 2011년 12월 19일 오전 10시에 "이 날 정오에 TV와 라디오에서 '특별방송'이 있다"라고 예고하였다. 이 날 나는 외신부의 서브데스크 근무로 회사에 있었다. 한창 낮 뉴스를 준비 중이었는데 이 '특별방송이 있다'는 보도를 접하였다. "도대체 뭐지? 핵문제에 진전이 있었을까?"

짐작이 가는 전문가 몇 명에게 전화로 취재해 보았지만, 도무지 짐작이 가지 않았다. 김일성 서거 때에도 '특별방송'으로 보도되었던 것이 떠올랐지만, 김정일의 경우는 불과 며칠 전에 시찰이 전해졌기 때문에 '사망은 아닐 것이다'라고 부정하였다.

특별방송 개시 몇 분 전, 구슬픈 음악이 흘러나오기 시작하였다. '설마?'라고 생각한 순간 유명 아나운서인 리춘희가 상복을 입고 TV화면에 나왔다. 그 순간, 나는 '김정일이 죽었다'라고 직감하고 그 자리에서 뉴스 속보 원고를 잡았다.

'마침내 올 것이 왔다.' 이렇게 생각하고 일종의 충격과 흥분으로 망연자실했던 것을 기억한다.

그러고 나서 잠시, 북한을 둘러싸고 노도와 같은 보도가 이어졌다. 슬퍼하며 탄식하는 북한 주민, 금수산기념궁전[7]에 안치된 김정일의 시신, 조문하러 방문하는 사람들…….

영결식(고별식)인 28일, 평양은 아침부터 눈이 흩날리고 있었다. 차기 지도자가 될 김정은은 검은 코트를 입고 측근들과 함께 아버지의 시신을 넣은 관에 붙어 다녔다.

---

7   현재 금수산태양궁전이다. 평양 중심가에서 북동쪽으로 8㎞ 정도 떨어진 모란봉(금수산) 기슭에 있는 복합 석조건물로 1973년 3월 착공해 1977년 4월 15일 김일성의 65회 생일을 맞아 준공하였다.

그 다음날 평양 김일성광장에서 중앙추모대회가 열렸다. 눈 내리던 전날과는 확연히 다르게 하늘은 맑게 개여 있었다. 당중앙 군사위원회 부위원장이었던 김정은을 비롯해 당과 군 간부들이 계단식 단상에 올랐다.

　나는 이 추모대회에 즈음하여 잊지 못할 장면이 있다. 아버지 대신 처음으로 계단식 단상 중앙에 서서 광장을 가득 채운 수만 명이나 되는 주민을 응시하는 김정은의 표정이다. 가끔 크게 심호흡을 하기도 하고 때로는 껄끄러운 표정을 지어 보였다.

　그것을 보면서 나는 여러 가지를 상상했다.

　그는 이 나라의 최고지도자로서 그의 국민을 다스리지 않으면 안 된다. 뒤를 봐주던 아버지는 이제 없다. 후계자로서의 수업은 결코 충분하지 않다. 국가경제는 곤란하고 국제관계에서도 낙관 가능한 요소는 전혀 없다. 북한을 둘러싼 정세를 객관적으로 보면서, 김정은의 머릿속에는 다양한 생각이 스쳐지나가는 것은 아닐까?

　추모대회에서 김정은은 연설하지 않고 김영남(최고인민회의 상임위원장)이 연단에 섰다.

　"우리는 김정은 동지의 령도에 따라 슬픔을 백배, 천배의 힘과 용기로 바꾸어 오늘의 난국을 이겨내 위대한 김정일 동지가 지시한 선군의 오직 한 길을 주체혁명의 위대한 새 승리를 위하여 더욱 억세게 투쟁해가야 한다."

　"우리들은 최고지도자이신 김정은 령도자, 경애하는 김정은 동지를 혁명의 중심으로 높이 받들어 모시고 선군혁명 위업, 사회주의 강성국가건설 위업을 끝까지 완성해 나갈 것을 굳게 맹세한다."

　이로써 김정일 사망 이후 최고지도자, 김정은이 내외에 공개되었다.

　다음날, 김정은은 조선인민군 최고사령관에 취임, 이듬해 4월 11일에는 당대표회의에서 조선노동당 최고직위인 제1서기, 2일 후 최고인민회의에서는 국방위원회 최고직위인 제1위원장, 7월 17일부로 조선민주주의인민공화국의 원수 칭호를 얻고 권력 장악을 끝냈다.

할아버지 김일성이 만들고, 아버지 김정일이 공포정치로 굳힌 권력기반을 3대째가 세습한 것으로 김왕조가 계속 이어지게 되었다.

사회주의 여러 나라에는 있을 수 없는 세습이 북한에서는 3대째 계속되고 있다. 물론 일본의 정계와 전통예술에도 세습은 존재하고 있다. 중국에서도 덩샤오핑[8]이 후계자를 지명했다. 국가가 이룩된 과정과 지도체제가 상이하다고 하지만, 기존의 통치체제를 유지하기 위한 장치로서 세습이 사용된 것이다.

4. 은폐된 출신

공개되지 않은 출생연도

최고지도자 취임으로부터 5년째인 2016년 5월 6~9일, 36년 만에 개최된 조선노동당 제7차 대회에서 김정은은 새로이 '조선노동당위원장'의 칭호를 얻었다. '제1서기'라는 급조된 칭호를 반납하고 명실공이 김정은 체제가 확립한 것을 내외에 알린 것이다.

사실은 이 '당위원장'이라는 칭호는 이전에 김일성이 사용하고 있었던 '당중앙위원회 위원장'과 닮아있지만 똑같지는 않다. 당에는 '부위원장'의 칭호는 있지만 이것은 어디까지나 '당중앙위원회 부위원장'이고 '당부위원장'이라는 것은 아니다. 김정은은 '중앙위원회'라는 조직을 뛰어넘어 '당 그 자체의 위원장'이라는 최고의 존재인 것이다.

그 후 최고인민회의에서는 국방위원회를 발전·해소시킨 '국방위원

8　중화인민공화국의 정치가. 농촌에 자기경영제도를 도입, 산업에 성과보수제를 도입하였고, 전문 경영기술 관료가 경제를 이끌도록 하고, 개인의 자유를 확대하였다. 대외적으로 서방과의 관계를 개선하고 1978년에 미국과 외교 관계를 수립하였다.

회'의 위원장으로도 취임하였다. 김정은은 2017년 9월, 트럼프 미국 대통령의 UN연설에 반발하여 '사상 최고 초강경 대응조치 단행을 신중히 고려'라는 성명을 내놓았을 때, 이 '국방위원장'의 명칭을 사용하였다. 즉, 북한을 통치하는 북한노동당의 최고지도자로서 일을 할 때는 '당위원장', 대외활동에서 북한을 대표할 입장임을 내보이고자 할 때는 '국방위원장'이라는 칭호를 사용하는 것으로 보인다.

지금 김정은에게는 그 외에도 다양한 호칭이 있다. 당정치국 당무위원, 당중앙군사위원회 위원장, 조선인민군 최고사령관, 조선민주주의인민공화국 원수…….

한편, 성장 과정은 공식적으로는 알려져 있지 않다.

최고지도자의 경력이 베일에 가려져 있다는 것도 북한 특유의 현상일 것이다.

우선 태어난 해가 확실하지 않다. 북한의 공식정보는 탄생일이 '1월 8일'이라고 한다. 그러나 태어난 해에 관해서는 모른다. '1982년', '1983년' 설이 있고, 미국은 이모인 고영숙[9]의 증언에 의해 '1984년생'으로 보고 있다. 이 때문에 1984년으로 보는 견해가 대세다.

가계도를 보면 아버지는 김정일, 어머니는 고영희, 형은 김정철, 여동생은 김여정이 있다. 여동생 김여정은 김정일의 장례식에도 참석하고 김정은의 시찰에 동행하는 등 정식무대에 등장하고 있지만 어머니와 형에 관해서는 지금도 숨기고 있다.

어머니가 재일조선인이었던 것과 형을 제쳐 두고 후계자가 된 것이 알려지게 되면 국민의 반발을 살 우려가 있어 공표할 수 없다.

김정은은 2010년 9월, 제4회 당대표자회에 출석하여 처음으로 공식

---

9 김정은의 작은 이모로 10대 시절 스위스 베른 유학시절에 후견인 역할을 하면서 현지에서 뒷바라지를 해준 인물이다. 1998년 남편 박건과 함께 제3국으로 망명하였다.

석상에 모습을 드러냈다. 그 후 김정일이 조선인민군과 경제관계의 현지 지도를 할 때 동행하는 모습이 보도되었다. 그때까지 김정은의 모습은 거의 알려져 있지 않았다.

김정은을 아는 '요리사'

정보가 거의 없으면 억측이 제멋대로 돌아다닌다. 북한에 관한 정보는 진위를 확인하는 작업이 곤란한 경우가 많다. 그렇기 때문에 다소 뭔가 이상한 정보라고해도 주의 깊게 살피게 된다.

실제로 김정은과 만난 몇 안 되는 증언자 중의 한 사람이 김정일의 전속 요리사였던 후지모토 겐지[10]다.

후지모토는 김정은이 어릴 적부터 지는 것을 싫어하고 공격적인 성격이었기 때문에 처음부터 후계자는 김정은이라는 시각이다. 후지모토에 의하면 김정일도 2남인 김정철은 소심하고 '여성스런 성격'이라서 김정은 쪽이 지도자감이라고 생각하고 있다고 하였다.

후지모토는 2012년 7월, 11년 만에 북한을 방문해 김정은과 부인 리설주를 만났다. "배신자가 돌아왔습니다"라고 인사한 후지모토에게 김정은은 "배신한 일은 모두 잊었습니다. 어렸을 때 잘 놀아줘서 고맙습니다"라고 말하고 재회를 기뻐했다.

후지모토는 2개월 후인 9월, 다시 방문하기 위해 경유지인 베이징北京으로 갔다.

이 때 그는 "대장동지 (김정은)에게 일본 라멘을 대접하고 싶다"며 일본에서 대량의 식자재를 반출했다. 유명한 라면전문점인 쓰키지築地의 이노우에井上의 비밀요리법도 준비했다. 그러나 베이징에 도착 후에도 북한에서

---

10 북한의 김정일 전속 요리사로 13년 동안 일했었던 일본인으로 2001년도에 다시 일본으로 돌아왔고, 베일에 쌓여있던 김정일 일가에 대한 정보를 책으로 내면서 유명세를 얻었다.

초청하는 팩스를 받지 못해 북한 방문은 실현되지 않았다.

당시 베이징에 주재하고 있던 나는 후지모토 씨에게 이야기를 들었다.

후지모토는 비자가 나오지 않아 망설이다가 그냥 비자 없이 고려항공을 타버릴까 고민하고 있었다. 고려항공 사무소가 김정은에게 수속을 위한 손글씨 팩스를 두 번이나 보냈지만 감감무소식이었다. 이전에 북한을 방문했을 때 김정은에게서 "일본과 북한을 왔다 갔다 하면 좋습니다"라고까지 들은 그가 왜 북한에 들어갈 수 없었던 것일까?

후지모토는 "다음에 또 와 주세요"라고 말한 김정은과의 약속을 지킬 수 없었던 것이 원인이라고 생각하고 있었다.

재방문이 늦어진 이유는 당시의 민주당 노다 요시히코[11] 정권에서 납치문제 담당 장관인 마쓰하라 진松原仁이 후지모토에게 면회를 요청했기 때문이라고 한다. 노다 총리의 친서를 받을 수 있을 것이라고 기대한 후지모토는 북한 방문을 늦추고 마쓰하라와의 회담을 기다렸다. 그러나 친서는 받지 못했고 북한 방문 시기만 놓친 결과가 되었다.

이때 후지모토의 낙담은 이만저만이 아니었다. 김정은은 약속을 무엇보다도 중요하게 여긴다. 약속을 지키지 않는 것은 김정은을 배신한 것과 같다. 자신은 두 번 다시 북한에 들어갈 수 없을지도 모른다, 라고.

또 후지모토는 "대장동지의 주위에는 후지모토를 좋게 생각하지 않는 간부도 있다. 이러한 사람은 자신을 대장동지와 만나게 하고 싶지 않을 것이다"라고 주장했다.

북한측 관계자는 후지모토가 김정은과 면회할 때 찍은 사진을 제멋대로 언론에 공개하고 면회모습을 상세하게 공개한 것이 김정은의 화를 불렀다고 말했다. 후지모토는 김정은을 그리워하면서도 동시에 무서워 벌벌 떨

---

11 일본의 정치가. 1987년 정계에 입문한 뒤, 2011년 9월 제95대 총리로 취임하여 2012년 12월까지 재임하였다.

고 있었다. 이때 비자 없이 도항을 강행했다면 그의 신변은 어떻게 되었을지 알 수 없다. 후지모토는 4년의 냉각기간을 거쳐 2016년 4월에 재방문하여 김정은을 면회했는데 그때의 일은 함구하고 있다.

후지모토의 정보를 의지할 수 밖에 없는 것도 정보부족이 가장 큰 이유다. 취재를 자유롭게 할 수 없고 신빙성을 확인하기 곤란한 북한. 그렇기 때문에 옥석혼효玉石混淆, 좋은 것과 나쁜 것이 한데 섞여 있음의 정보가 제멋대로 돌아다니게 되는 것이다.

지도자 취임 때 말했던 '이상적인 국가, 북한'

북한 내부에서는 후계자 김정은에 관해 어떻게 선전하고 있었던 것일까. 2009년 조선노동당에서 만든 내부문서 '존경하는 김정은 대장동지의 위대성 자료'에는 김정은에 관해 다음과 같이 기록되어 있다.

> ▷ 김일성군사종합대학에서 포병부터 공부해서 포병에 매우 밝다.
> • 보병지휘관 3년제와 연구원 2년제를 전 과목 최우수로 졸업했다.
> • 현대 군사과학과 기술에 정통하다.
> • 사상이론 활동을 정력적으로 전개했다.
> • 김일성군사종합대학의 졸업증서와 기념장을 수여받았다.(2006. 12. 24.)
> • 졸업석상에서 주체의 선군혁명위업을 빛나게 이어 나가기를 원했다.
> ▷ 창조적으로 기발한 작전지도를 다수 작성했다.
> • 거기에 조국통일대전의 위대한 방략方略을 명시했다.
> • 포병의 정확성을 보증하는 데에 큰 역할을 완수하다.
> • 정확도가 높고 입체감이 있다.

포병술에 뛰어나고 과학기술에 정통하며 작전지도를 작성했고 군사능력이 높음을 특히 강조하고 있었다. 후계자 결정에 있어서 아버지 김정일의 권력기반이며 권력의 원천인 군의 지지를 먼저 얻지 않으면 안 된다. 군의 허락없이는 후계자가 될 수 없는 것이 북한의 현실이었다.

2012년 4월에 당, 군, 국가의 최고직위에 취임하고 글자 그대로 최고지도자가 된 김정은은 김정일과는 전혀 다른 통치스타일을 보여주었다. 시찰하러 간 곳마다 적극적으로 인민과 접촉하여 젊고 친숙한 지도자의 모습을 강한 인상을 심어 주려고 하였다. 새로 완성된 창전거리의 고층아파트에서는 부인 리설주와 함께 막 이사한 노동자의 가정을 방문하여 함께 식사하기도 하고, 유치원을 방문해 유아에게 둘러싸여 있기도 하고……. 할아버지 김일성을 의식해 흉내내고 있다는 지적도 있었다. 평양의 릉라유치원에서는 새롭게 탄생한 롤러코스터에 올라타고 큰소리로 떠들어 대는 모습을 보여주어 주목을 끌었다. 최고지도자와 롤러코스터의 조화는 지금까지의 북한에서는 상상할 수 없는 참신한 것이었다.

'개혁파', '현실을 직시한다', '서민파'……. 최고지도자가 되어 1년도 채 되지 않은 김정은에게는 해외의 전문가들을 중심으로 긍정적인 평가가 있었다. 김정일시대는 잇따른 숙청에 의해 나라 전체가 위축되었고 거기에 국제적 고립에 의한 만성적인 경제난, 사회 전체가 어두운 정체의 악순환에 빠졌던 시기다.

김정은은 재일조선인이었던 여성이 어머니이고, 스위스에서 유학 한 경험이 있어 외국에서 북한의 황폐함을 보아왔다. 젊은 김정은으로 최고지도자가 교체된 것을 계기로 국제사회는 '북한이 변화하려고 한다'라고 기대감을 품게 되었다. 그리고 북한 내부에도 '생활이 좋아질지도 모른다'는 희망이 싹텄다.

김정은은 북한의 구세주일까…….

최고지도자가 된 그는 처음에 꿈을 품고 있었다.

취재과정에서 나는 김정은이 지도부 안에서 측근에게 말했던 '말씀' 문서를 다수 입수하였다. 그 중에서 그는 '이상 국가'를 꿈꾸고 있었다.

'말씀'에는 평양국제공항 터미널 신설부터 인터넷 도입, 과학적인 일기 예보 채택 등 북한의 문제점을 직시한 정책을 연이어 선보였다. 또한 연장자에 대한 배려를 강조하고, 어린이들을 위해 물놀이장을 만들고었다. 그리고 현대적인 중학교를 건설하고, 스포츠용품을 충실히 갖추도록 지시하고 있다. 바깥 세계를 아는 김정은에게는 북한을 국제사회와 비교해도 부끄럽지 않을 수준까지 끌어올리는 것이 무엇보다 필요했다. 유원지와 수영장, 스키장 등 오락시설을 차례차례로 건설한 것도 그 때문일 것이다. 최고지도자 취임 1년은 경제관련 시찰이 군 부대 시찰을 상회하고 있을 뿐만 아니라 경제상황도 조금씩 개선되어 김정은의 인기가 서서히 높아져갔다.

5. 피가 섞인 오누이

공개석상에 나온 공주

어느 세계나 독재자에게는 신뢰할 수 있는 측근이 있다. 김정은에게 그런 사람이 있을지 생각해보면 바로 눈에 띄는 사람이 있다.

가족 중에 유일하게 정식무대에서 김정은을 보좌하고 있는 여동생 김여정이다. 김정은보다 3살 아래인 1987년생으로 추정되고 있다.

유소년기에 오빠와 함께 스위스 베른의 공립학교에 유학해 발레교실도 다녔다.

2015년 1월에 김정은의 시찰에 동행했을 때에는 왼쪽 손가락에 반지를 끼고 있던 것이 확인되었다. 배가 불러있는 사진도 있어 출산한 것으로 보인다.

그러나 정보는 모두 단편적이다.

2016년 당대회 이후의 군사 퍼레이드에서는 계단식 단상에 김여정의 모습이 언뜻 보였다. 김정은에게 행사 내용을 설명한다. 김정은에게 건넨 꽃다발을 받아주고, 붙지도 않고 떨어지지도 않으면서 김정은의 동정에 온 신경을 곤두세우고 있다. 다만 그녀의 움직임을 제지하는 사람은 아무도 없다. 자유로이 행동하고 있는 인상을 받았다.

◀ 려명거리 준공식에 참석한 김여정 (2017년 4월)

최신 고층아파트가 줄지어 세워진 려명거리[12] 준공식이 그 이듬해인 4월에 개최되었을 때도 계단식 단상에서 채비를 하고 기다리는 간부 중에 김여정이 있었다. 그녀는 어깨에 닿을 정도의 머리카락을 뒤쪽으로 넘겨 핀으로 고정하고 검은색 계통의 치마 차림에 뒷굽이 있는 구두를 신고 있었다. 북한 여성의 정장으로 보이는 복장이다. 생각해 보면 공식적인 자리에 등장한 그녀가 바지정장을 착용하고 있는 모습은 본 적이 없다. 김정일의 장례식 때도 그녀는 치마에 얇은 스타킹을 신은 모습으로 건물 밖의 추위를 견뎌내고 있었다.

---

12 김일성 탄생 105주년을 맞아 2016년 4월에 착공해 1년 만에 완공된 대규모 건설프로젝트 다. 평양 도심의 동북부에 위치한 대성구역의 금수산태양궁전부터 모란봉구역의 영생탑까지 동서로 뻗어있는 길이 3km, 왕복 8차선이다.

이날도 그녀는 자유스럽고 활달하게 돌아다니고 있었다. 주위의 간부와도 미소 띤 얼굴로 대화를 나누기도 하고 경비하는 병사에게 말을 걸어 휴대전화를 맡기기도 하였다. 소탈한 인품으로 보인다. 그러나 김정은이 벤츠를 타고 회장에 들어오면 기민하게 다가가 안내한다. 거리낌 없이 김정은에게 다가서는 사람은 그녀밖에 없다는 것을 알 수 있다.

김여정의 직위는 북한에서 프로파간다를 담당하는 당선전선동부 부부장이다. 오빠의 스케줄과 동선을 전부 확인하고 있다고 한다. 더욱이 2017년 10월의 당중앙위원회 제7기 제2회 총회에서 당의 지도방침을 결정하는 정치국 후보위원으로 발탁되었다.

아버지 김정일도 친여동생인 김경희를 중용했었다. 김여정도 오빠에 이어 실력자로서 존재감을 높이고 있음이 틀림없다. 독재국가에서 믿을 수 있는 사람은 자신의 친족, 그 중에 자기의 직위를 위협할 우려가 없는 사람은 여성이기 때문이다.

오빠와 여동생이 독재체제를 유지한다. 대단히 폐쇄적인 세계다. 그러나 일본에서도 총리의 '친구'에 대한 우대조치와 관료의 '촌탁忖度, 미리 알아서 모시기'이 눈에 띤다. 시기와 의심에 사로잡힌 권력가와 권력에 바짝 다가서는 세력, 어느 세계에도 그것은 마찬가지일 것이다.

공개석상에 나오지 않는 형

여동생과는 반대로 형제는 경쟁자다.

2006년 월드컵 개최로 열광하는 독일에 북한 청년이 있었다.

그의 특별한 관심은, 영국의 천재 기타리스트 에릭 클랩튼Eric Clapton의 독일 콘서트였다. 가죽점퍼, 청바지, 클랩튼 T셔츠를 입고 머리카락을 뒤로 땋아 늘어뜨린 귀여운 여자 친구와 함께 있었다. 수행원은 비슷한 또래의 남성과 장년의 남성 2명, 도우미처럼 보이는 여성 한 명이었다. 콘서트를 즐기기에는 부자연스런 구성원으로, 싫든 좋든 타인의 시선을 끌었다.

프랑크푸르트, 슈투트가르트, 그리고 베를린……. 6월 3~7일에 개최된 4일간의 연주회. 그 모든 연주회장에서 그들의 모습이 확인되었다.

◀ 공식석상에 나오지 않는 김정철의 독일 방문은 후지TV가 특종기사를 냈다. (2006년 6월)

이 청년이 바로 김정은의 친형인 김정철이다.

열광적인 에릭 클랩튼의 팬으로써, 즐거운 모습으로 콘서트에 발걸음을 옮기고 있었다.

연주회가 시작되면 김정철은 리듬에 맞추어 몸을 흔들고, 때로는 일어서서 무대를 향해 성원을 보냈다. 마지막 무대에 V신호를 보내고 만족스러운 자세를 취하거나 옆에 앉아있는 여자 친구에게 즐거운 듯이 무언가 말을 걸기도 하였다. 어디에나 있을 법한 록음악을 좋아하는 젊은이와 다르지 않았다. 항상 그 옆에 어울리지 않게 함께 있는 중년 남성들이 없다면…….

마지막 연주회는 야외 무대였다. 기회를 보아 그에게 말을 걸어보았다.

"어디에서 왔습니까?"

"WHY?"

김정철은 새된 목소리랄까, 가느다란 목소리로 되물었다. 그 직후, 옆에 있던 장년 남성이 끼어들더니 "홍콩에서 왔습니다"라고 도도히 말했다. 김정철은 그 이상 아무 말도 하지 않았다.

동생과 달리 심약하고 내향적인 성격이라는 것을 엿볼 수 있었다.

2006년 시점에서는 김정철이 후계자 중 가장 유력후보로 보였다. 그는 수행원을 데리고 고급호텔에 머물면서 콘서트 삼매경에 빠져있었다. 북한의 '황태자'이기에 가능한 호화로운 놀이다.

한편 후계자로서의 적성에 의문을 갖게 하는 정보도 있었다.

독일에서의 콘서트 전에 김정철은 모스크바의 한 병원에서 약물치료를 받았다고 한다. 미국 프로농구 NBA의 왕팬이며, 근육강화제를 과잉 복용해 호르몬 이상을 일으켰다는 것이다. 여자 친구와의 교제를 반대하는 바람에 자살시도를 도모한 적도 있었기 때문에 아버지 김정일도 그를 종기 다루듯이 조심스럽게 대하고 있다고 알려져 있었다.

김정은의 후계 취임 후, 김정철은 공식적인 자리에 한 번도 모습을 드러내지 않고 있다. 동생의 지위를 위협하는 존재는 아니지만 자유로운 행동은 허용되지 않아 사실상 연금 상태에 놓였다는 지적도 있다.

북한에서는 최고지도자와 같은 핏줄이라도 반드시 안녕을 의미하지는 않는 것 같다. 친족경영의 회사라도 종종 후계다툼이 벌어지는데, 독재자는 자신을 대신할 존재를 허용하지 않기 때문에 하찮은 싸움을 할 수밖에 없는 것 같다.

6. 이복형과의 불화

아버지에게 정성을 다한 장남

"日本語わかりません！(일본어는 모릅니다)"

일본어로 질문했는데 모른다고 되돌아온 대답은 일본어였다. 나는 지금도 김정남의 저 한마디를 잊을 수 없다. 나도 많은 기자와 섞여 베이징공항에서 그를 뒤쫓다가 그의 음성을 들었기 때문이다.

◀ 나리타공항에서 강제퇴거 처분을 받고 항공기를 향하는 김정남 (2001년 6월)

김정일의 장남 김정남 2017년 2월, 말레이시아에서 독살 당했다. 이 비명의 죽음에 나는 어안이 벙벙했다. 한동안 "살해당한 사람은 가짜다", "김정남은 어딘가에 살아있다"라는 설에 귀를 기울이고 싶었다.

김정남은 2001년 나리타成田 공항에 불법으로 입국해 그의 존재를 세계에 드러냈다.

사실은 이때, 싱가포르 정부가 일본측에게 김정남이 위조여권으로 입국할 것이라는 정보를 사전에 흘렸다고 한다. 이 정보를 흘린 사람은 김정은의 어머니 고영희라는 설도 있지만 진위는 알 수 없다. 진위야 어떻든 김정남은 이 사건을 계기로 후계자 경쟁에서 탈락하였다.

고영희는 아들인 김정철이나 김정은을 후계자 자리에 앉히고 싶었다.

김정일의 측근을 끌어들여 획책을 기획하고 있었지만 목적을 이루지 못한 채, 2004년에 병으로 사망하였다. 또 김정일도 건강할 때에 후계자를 누구로 할 것인지 분명하게 밝히지는 않았다.

김정남은 마카오를 거점으로 해외를 자유로이 왕래하였다.

나도 취재차 김정남을 직접 만난 적이 있다. 보도진에게 둘러싸여 곤욕을 치르면서 "밀지 마세요", "조심하세요"라고 하면서 주위 사람을 배려했다. 언성을 높이는 일도 없었다. 갑자기 카메라를 들이대면 놀라며 취재를 저지하는 것이 보통이지만, 김정남은 언제나 신사적인 태도를 견지하였다. 물음에 응하여 대답하는 것도 북한답지 않은 국제 감각이 느껴졌다. 서구의 상식이 통하는 사람이라는 인상이 남아 있다.

김정일이 2008년에 쓰러졌을 때, 최고지도자 부재와 후계자가 결정되지 않은 사태로 인해 북한 상층부는 크게 동요하였다. 매제인 장성택이 권한을 대행하는 형태로 혼란은 수습되었다. 이때부터 김정남은 다시 한 번 후계자로써 주목받게 되어 배다른 동생인 김정은과의 불화가 시작되었다.

한반도 소식을 취재한 당시의 취재 메모에서는 후계자 선택의 이면이 살짝 엿보인다.

2008년 8월 27일

"VIP(필자주 · 김정일)가 쓰러졌다!!"

"그 다음날, 독일의 심장병 전문의 헤쳐(Roland Hetzer)가 뇌신경전문의 팀과 함께 북한을 방문하였다. 이것은 마비가 왔다는 증거라고 볼 수 있다. 상당히 심각한 상황일 수 있다는 것이다."

김정일이 8월 중순에 평양에서 쓰러져 뇌졸증이 의심된다는 정보였다. 물론 북한은 전혀 보도하지 않고 있었다. 그러나 앞에서 말했듯이 9월 9일이 건국기념일인데 김정일이 모습을 드러내지 않았던 일로 건강이상설이 급부상하였다.

2008년 9월 ×일

"내달 21일 오후 2시 프랑스 세인트 안누병원에서 김정남이 자비에루 (Roux Xavier) 의사와 면담한다. 23일 파리 → 베이징, 24일 베이징 → 평양, 의사 2명과 베이징 경유로 평양에 간다."

이 정보를 기초로 후지TV는 병원에서 나온 김정남을 직접 인터뷰를 했다. 이 때, 김정남은 프랑스어로 "치과치료를 하러 왔을 뿐"이라고 답하고 아버지의 병환과는 관계없다고 부정하였다. 그러나 다음날 자비에루 의사는 파리에서 경유지인 베이징으로 향했고 고려항공에 탑승해 평양으로 날아갔다. 김정남이 김정일의 치료를 위해 심장전문의를 초청, 평양에 파견한 것이 확인되었다.

2008년 9월 ×일

"북한의 권력이 장성택에게 전부 이양된 상태. 이후, 안정되었다고 보인다. 김옥과 군부가 모두 장성택을 인정하였다. 조명록, 현철해, 김일철 등 군부의 핵심도 장성택에 붙었다."

이러한 내부 정보는 금방 눈에 보이지 않지만, 나중에 '어느 간부의 교통사고사'라는 형태로 장성택의 권력 장악이 확실시되었다.

장성택에게는 당시 유력한 경쟁자가 있었다. 당조직 지도부장인 리제강이다. 그는 고영희와 가까우며 김정은의 후원자로 알려져 있었다.

한편, 김정남은 고모인 김경희·장성택 부부에게 귀여움을 독차지하고 있었으므로 김정남파인 장성택과 김정은파인 리제강이라는 대결구도가 있다고 추측하고 있었다. 그러나 2009년 가을에 장성택이 권력을 장악하고 그 후 리제강을 가택연금으로 몰아넣었다. 리제강은 결국 2010년 6월 새벽에 교통사고로 사망하였다.

이 '교통사고', 북한에서는 자주 간부가 새벽에 교통사고로 죽었다고 발표하지만, 그 이른 시간에 간부가 자동차로 이동하는 것은 매우 이상하다. 게다가 교통사고가 발생할 만큼 자동차가 많지 않을 북한에서 왜 이러한 사고가 일어나는지도 의문이 남는다. 실제 살해당했다고 해도 확인할 도리는 없다.

장성택이 권력을 장악했다는 것은 후계자 선택에도 크게 영향이 있다. 그와 친했던 김정남이 후계자가 될 가능성이 다시 부상했다고 보는 견해가 나왔다.

이 무렵, 김정남은 북한과 중국 사이를 오가며, 베이징공항에서 자주 언론의 인터뷰에 응했다. "후계자는 누가 될 것인가?" 그렇게 질문을 받을 때마다 김정남은 "그것은 아버지가 결정할 문제다"라고 대답을 피했다. 또 자신의 후계 가능성에 대해서는 "정치에는 관심이 없다"라고 부정하고 있었다.

정말로 그랬을까? 2008년 말에 뜻밖의 정보가 날아들었다.

2008년 12월 ×일

"김정남이 북한으로 돌아간다. 후계자 자리에 오를 마음을 굳혔다. 마카오 자택을 정리하고 친한 지인과 연회를 열었다. 그 자리에서 김정남은 '북한을 바꾸고 싶다'고 말했다."

아버지의 치료에 헌신적으로 애쓴 일로 김정일도 장남의 후계를 인성할 마음을 먹었다. 후원자인 장성택으로부터 북한으로 "돌아오너라"라는 말을 듣고 김정남은 후계에 의욕을 보였다. 김정남이 평양으로 돌아갈 예정일. 나는 베이징공항 안의 고려항공 탑승구에서 김정남이 나타나길 기다렸다. 그러나 비행기 탑승이 마감된 후에도 그의 모습은 보이지 않았다.

동생의 괴롭힘

김정남의 신변에 무슨 일이 일어나고 있는 것인가? 새해 벽두, 여기에 대한 답이 확실해졌다. 2009년 1월, 조선노동당 내부에서 김정은이 후계자로 내정되었다는 교시가 당에 공식 하달되었다. 김정남의 후견인이라고 여겨진 장성택이지만, 젊고 경험 없는 김정은 쪽이 다루기 쉬울 것이라고 보고 김정남을 잘라내 버린 것이다. 김정남은 김정은에게 권력 계승에 방해가 되는 '곁가지', 즉 위험분자가 되었다. 과거에 김정일도 배다른 김평일을 해외로 쫓아 보냈다.

김정은이 후계지명을 받자, 김정남은 평양에 있던 가족(제1부인의 가족) 전원을 중국으로 출국시키고 중국 내의 자택주소도 모두 바꾸었다고 한다. 김정남의 측근들도 권력의 중추로부터 쫓기는 신세가 되었다. 본인도 동남아시아를 전전하는 생활을……

김정은이 후계자라면 목숨이 위험하다. 김정남이 염려했던 불안은 현실이 되었다. 후계자로서 권력 장악에 적극 나선 김정은은 계속 김정남에게 압력을 강화해 갔다.

취재메모는 이렇다.

2009년 1월 ×일

"후계자는 3남으로 결정되었다. 김정일의 허가를 얻고 장성택이 지방의 당간부에게 정식으로 통지했다. 이 건으로 장남(김정남)은 끝장났다. 왜 장성택이 배신했을까? 장남이 두려웠기 때문이다. 장성택은 자신이 전면에 나오기보다 자신 앞에 후계자를 내세우고 싶었다. 군 일부에 장성택을 향한 반발이 있었고 김정남에게는 지지자가 있기 때문에 두려웠다. 김정은은 젊고 기반이 아직 없기 때문에 지금의 권력을 유지하기 쉽다고 짐작한 것은 아닐까."

김정남은 마지막 순간에 장성택의 배신을 알고 북한행을 중지했던 것이었다. 김정남 후계는 꿈으로 끝났다.

2009년 1월 ×일

"후계자가 결정되었을 때, 김정남이 장성택과 아버지에게 이메일을 보냈다. 아버지에게는 '축하합니다.' 장성택에게는 비아냥거리듯 '평양에 돌아가도 안전을 보장 받을 수 있을까요?' 였다."

이 이메일에 장성택이 어떻게 답했는지는 모르지만, 그 이후에도 김정남은 북한을 계속 왕래하였다.

김정남은 1월 20일 밤, 평양에 돌아가서 김정일과 만났을 거라고 여겨진다. 적어도 아버지가 살아 있을 동안은 북한에서 자신의 신변은 안전을 보장받을 수 있다고 믿었을 것이다.

2009년 5월 ×일

"김정남의 평양 자택이 수색 당했다. 김정남은 김정은에게 '그런 짓은 하지마'라는 취지로 손글씨를 써서 팩스를 보냈다. 제목은 '한 번도 얼굴을 본 적 없는 동생에게'라고 기록하였다."

어머니가 다른 두 사람은 따로따로 성장해 직접 만난 적은 없었을 것이다. 얼굴을 마주칠 일 없이 동생은 형에게 미움을 샀던 것 같다.

그리고 2011년 12월 17일, 김정일이 죽었다. 김정은의 압력은 더욱 거세졌다.

김정남은 김정은에게 편지를 보내 간청하였다.

"나와 가족을 도와줬으면 해."
"도망갈 곳도 숨을 곳도 없다. 도망갈 곳은 자살뿐이다."

그런데도 김정은은 김정남을 계속 적대시하였다.

"싫다. 제거해라." 이렇게 북한의 공작기관에게 명령했다고 한다.

그로부터 몇 년 후, 김정남은 쿠알라룸푸르공항에서 피살되었다.

범행은 불과 몇 초

암살극은 대중 앞에서 벌어졌다. 공항의 감시카메라에 녹화된 범행 순간은 전 세계에 충격을 주었다.

쿠알라룸푸르공항 3층 출발 로비.

오른쪽에서 옅은 색 재킷에 청바지 차림의 김정남이 나타나 중앙 안쪽에 있는 자동체크인 기계 쪽으로 걸어간다. 그러자 안쪽에서 두 명의 여성이 접근해 온다. 인도네시아인 시티 아이샤 용의자가 앞에서, 베트남인 도안 티 흐엉 용의자가 배후에서 덮친 뒤 김정남의 얼굴에 약품을 발랐다. 단지 몇 초 만에 범행이 종료되었다. 두 용의자는 그 즉시 빠른 걸음으로 사라졌다. 주위에 많은 사람이 있었음에도 불구하고 어느 누구도 알아차리지 못했다.

김정남은 공항 경비담당자에게 손짓 발짓으로 얼굴에 무엇인가를 바르는 공격을 당했다고 설명하고 "아파, 아파!"라고 호소했다고 한다. 공항 의료실에 가는 도중에 발걸음이 휘청거렸고 의자에 앉은 후 정신을 잃었다. 이후 병원으로 이송되던 중 사망하였다.

이 사건에서 여성 두 명이 체포되었다. 두 명의 여성은 "장난성 '몰래카메라' 촬영이라고 생각했다"라고 진술하며 살해를 부인했지만, 말레이시아 경찰은 '독극물이라는 것은 알고 있었다'라고 보고 있다. 두 명의 여성에게 범행을 제의한 북한 국적의 남성 4명은 사건 직후에 출국해 평양으로 갔다. 말레이시아 국내에 체류한 말레이시아 주재 북한대사관 2등서기관과 고려항공 직원들도 관여한 것이 아닌지 의심되어 말레이시아 당국은 북한에게 인도를 요구하였다. 그러나 북한에서 출국금지가 된 말레이시아 대사관 직원 송환과 맞바꿨다. 결국 북한 당국이 관여했는지의 여부는 수사하지 못하고 사건은 많은 의혹을 남긴 채 어둠 속에 묻혀 버렸다.

김정남은 왜 이 타이밍에서 이러한 형태로 피살되어야만 했을까…….
누가 살해를 지시했을까? 그 증거는 전혀 없다. 그러나 김정남 암살을 둘
러싼 큰 배경에는 형제의 불화가 틀림없는 것 같다.

김정남은 김일성의 핏줄을 이어받은 '백두혈통'[13]의 일원이다. 신격화
된 일족의 직계이므로 '최고지도자'의 지시가 없으면 실행기관이 함부로
손을 대는 것은 불가능하다. 북한의 범행이라면 최고지도자, 즉 김정은의
지시가 있었다고 생각할 수 있다.

이번의 김정남 암살은 북한의 공작활동 실행부대인 조선인민군 산하
정찰총국이 담당했다고 볼 수 있다. 공작활동에서는 독약에서부터 폭파
까지 수단을 가리지 않는다. 철저히 훈련된 요원이 시간, 인력, 수고를 들
여 작전을 노련하게 기획하고, 현지에 협력자 등의 인맥도 구축한다. 증
거인멸을 철저하게 교육시켜 용의자가 자살한 사례도 있다.

이번도 김정남의 동향을 장기간 확인하고 실행방법과 도주경로 등을
확보한 후, 주도면밀하게 준비한 것으로 보이는 부분이 있다. 감히 감시
카메라가 많은 공항에서 범행을 저질러 북한의 소행이라는 것을 일부러
드러내 보이는 듯한 부분도 있었다. 정찰총국[14]이 관여했다는 것을 가시
화하지 않으면 안 되는 내부사정이 있었을지도 모른다.

확실한 것은 아무리 깊게 관여되었다고 하더라도 북한이 자신들의 범행
이라고 인정하는 일은 절대로 없다. 대사관은 물론 북한의 공작기관에는
여성공작원이나 탈북자를 가장한 이중첩자도 있다. 실행범인 여성에게 접
근했던 재무즈라는 이름의 남성과 무역상을 가장하고 말레이시아에 드나
들던 남성은 교묘한 말로 타겟 여성들에게 접근했다. 그녀들은 본인도 모

---

13 김일성 직계 가족을 일컫는 말. 김일성과 부인 김정숙이 백두산 인근 지역에서 항일독립운동을
했다며 김정일 집권 이후 신격화를 위해 사용한 용어.

14 북한의 대남·해외 공작업무 총괄지휘기구.

르는 사이에 공작활동의 협력자로 만들어져갔던 것이다.

나는 일련의 살해극을 김정남과 그 가족에 대한 '본보기'라고 생각하였다. 동시에 그 배경에 있는 김정은의 김정남에 대한 미움의 깊이에 전율을 느꼈다. 그뿐만이 아니다. 김정남 암살의 배후에는 비밀자금과 정보기관과의 접촉 등 끝없는 어둠이 펼쳐져 있다. 북한을 대형 버라이어티 쇼처럼 다룬다면 시청률은 건지겠지만, 그것만 강조되면 위험하게도 눈에 보이지 않게 되는 것이 있다. 김정은에 관해서는 '유치', '모험적, 도전적인 성격' 등의 평가가 앞선다. 그런 일방적인 평가를 하고 안심하고 있는 것이야말로 위험하다. TV제작국으로서 북한에 대한 선입관과 확신은 버려야 한다라고 스스로 일깨워 경계하고 있다.

7. 김정은의 '조카'

김정남의 아들

김정남의 가족에 대해서는 아버지인 김정일처럼 잘 알려져 있지 않다. 다만 암살사건 이후, 갑자기 주목받은 사람은 아들 김한솔이다. 김정은에게는 조카가 된다. 그도 또한 백두혈통의 일원이다.

2017년 2월에 김정남이 말레이시아에서 살해된 후, 두렵게도 '다음 표적'이 된 사람은 김한솔이었다. 유학중인 프랑스에서 마카오로 돌아간 후 안부가 잠시 명확하지 않았지만, 3월 8일에 김한솔로 보이는 남성의 영상이 공개되었다.

> "내 이름은 김한솔입니다. 북한 출신으로 김씨 가문의 일원입니다. 내 아버지는 며칠 전에 피살됐습니다. 현재 어머니와 여동생과 함께 있습니다. 나는 ○○○에게 매우 감사하고 있습니다. 빨리 이 상황이 나아지기를 바랍니다."

북한의 여권을 보이면서 영어로 "내 이름은 김한솔"이라고 이름을 말하고 북한의 "김씨 일가다", "내 아버지는 며칠 전에 살해당했다"라고 말했다. 남성이 제시한 여권 일부가 가려져 있고 탈북에 관련된 음성은 무음처리 되어있었다. 영상은 탈북자 지원단체 '자유조선'[15]이라는 조직이 홈페이지에 공개한 것이다. 단체는 "가족으로부터 다급한 구원요청을 받았다. 그들을 안전한 장소로 이동시켰다"라고 말하고 가족의 행방과 탈출과정에 대해서는 공개할 수 없다고 했다.

그 후, 미국신문 월스트리트저널이 '천리마민방위(자유조선)'의 관련자를 취재하였다. 10월이 되어 김한솔의 상황에 대해 전했다. 김정남이 살해당한 후 곧바로 김한솔 가족은 직접 이 단체에 연락하였고, 이것을 받아 우리 단체는 몇 개국의 정부에 지원을 요청하였다. 미국, 중국, 네덜란드, 또한 익명의 정부가 탈출을 도왔다고 밝혔다. 다만, 캐나다 등 일부 국가가 신변보호요청을 거부했다고 한다. 그 이유는 북한에 구속되어 있는 캐나다인 목사의 석방을 둘러싼 협상이 있기 때문이었다고도 말했다. 천리마민방위는 간신히 김한솔 일가를 거주지인 마카오에서 타이베이臺北로 이동, 최종 목적지로의 도항과 비자확인을 위해 타이베이 공항에서 30분간 지체하였고, 그 후 '안전한 장소'로 탈출시켰다고 한다.

김한솔과 단독 인터뷰

2011년 여름, 후지TV는 김한솔이 중국 베이징의 보스니아 헤르체고비나 대사관에 비자발급 수속을 위해 방문할 것이라고 파악하고 인터뷰를 시도하였다.

밝은 갈색머리에 안경, 폴로셔츠 차림의 소년. 북한말로 질문하자 영어

---

15 김정남의 아들 김한솔의 신변을 보호해주었다고 주장하는 북한의 반정부 비밀단체이자 임시정부.

로 대답하였다.

Q. 인터뷰에 잠깐 응해 주실 수 있습니까?

A. "노코멘트."

Q. 왜 보스니아에 가는 겁니까?

A. "공부하러 갑니다. 그것만이 목적입니다."

Q. 왜 보스니아인가요?

A. "내가 찾은 학교가 보스니아에 있기 때문입니다."

김한솔은 유창한 영어로 대답했다. 아버지 김정남에 관해 물었다.

Q. 당신의 아버지는 김정남입니까?

A. "미안합니다. 노코멘트입니다."

웃음 띤 얼굴이지만 살며시 대답을 회피하였다.

귀에는 귀걸이, 목걸이를 겹쳐하고 반지를 끼고 있었다. 언뜻 보기에 한
국의 젊은이 같은 차림새였다. 당시는 북한의 핵문제를 둘러싼 6개국 협
상이 재개할 움직임이 있던 때였으므로 그 건에 대해서도 질문했다.

A. "6개국 협상? 아무것도 모릅니다. 노코멘트."

역시 정치 이야기는 피했다.

Q. 아버지에 관해서 노코멘트 하신다면 할아버지(김정일)에 관해서는?

A. "미안합니다."

역시 노코멘트였다. 질문을 바꿔보았다.

Q. 평상시에 어디에서 살고 있습니까?

A. "마카오에 살고 있습니다."

Q. 마카오 어디에?

A. "나의 프라이버시를 존중해 주세요."

Q. 아버지와 함께 입니까?

A. "노코멘트입니다. 미안합니다."

아버지 김정남에게 물려받은 웃음 띤 얼굴, 대답하는 방법도 정중하다. 아버지와 꼭 닮았다.

Q. 몇 살입니까?

A. "16살입니다."

Q. 어떤 외국어가 가능합니까?

Q. 북한어로 대화할 수 있습니까?

A. "미안합니다. 인터뷰 —"

그에게 중국어로 물어보니 그의 대답은……

A. "不能說(아무것도 말할 수 없습니다)"

결국 모국어인 북한어로는 절대로 대화하려고 하지 않았다.

김한솔은 1995년, 평양에서 태어나 마카오에서 성장하였다. 그 후 엘리트 학교인 파리정치대학을 졸업하였다.

물론 김한솔의 단독 인터뷰는 처음이다. 좋은 특종기사였지만, 이 인터뷰는 곧바로 방영할 수 없었다. 김정남이 직접 "방송하지 말아 달라"는 요청을 했기 때문이다. 김정남은 가족의 모습이 언론에 드러나는 것을 극도로 경계하고 있었다. 주목 받는 만큼 가족의 안전을 위협받게 될 것이라고 생각하고 있었던 것 같다. 언론은 아들 김한솔의 동향을 쫓았지만 그 후는 학교 측에 의해 저지당해 취재는 중단되었다.

김정일 사망 후 2012년 10월에 김한솔은 핀란드의 TV취재에 응했다.

김정은이 김정남 가족에게 집요하게 감시를 계속하고 있었던 무렵이다. 취재 내용에는 숙부가 통치하는 북한을 비판하는 내용을 담고 있었다. 틀림없이 아버지의 허락을 얻었을 것이다.

"아버지(김정남)는 정치에 관심이 없습니다."

"할아버지(김정일)와 숙부(김정은)는 만난 적이 없기 때문에 숙부가 어떻게 dictator(독재자)가 되었는지 모릅니다."

"언젠가 북한으로 돌아가 주민들의 삶을 개선하고 싶다는 꿈이 있습니다. 또 남북통일의 꿈을 가지고 있습니다."

김정은을 독재자로 칭하고 북한에 돌아가 주민을 돕고 싶다고 말한 것이다. 젊은이다운 이상을 말하고, 이지적으로 대답하는 모습에서 지도자로서의 자질을 충분히 느낄 수 있었다.

김한솔은 지금 어디에 있을까?

단체가 감사를 표시한 4개국 중에 익명의 어느 나라일까? 미국 혹은 네덜란드에 있다고 보는 것이 유력하다. 또 김한솔은 프랑스에 유학하고 있을 2013년 12월에 장성택이 체포된 후에 프랑스 보호 하에 있었던 것을 봐서는 프랑스일 가능성이 높다고 보인다.

김한솔의 운명은 어떻게 될 것인가?

독재자 가족으로 태어나 계승 순위는 별개로 하고 '백두혈통'이라는 김일성 직계혈통이다. 아버지 김정남도 그 혈통 때문에 신변에 위협을 느껴 각지를 전전하고 있었다. 만약 김정남의 신변에 무슨 일이 일어난다면 가족은 어떻게 하면 좋은가에 관해 생전에 김정남은 아들과 그런 대화를 했다고 해도 이상하지 않다.

스스로 바꿀 수 없는 운명으로 태어나 아버지와 같은 딜레마를 김한솔도 겪고 있는 것은 아닐까. 백두산 혁명가계라는 김씨 일가가 만들어낸 신화의 멍에.

한편 김정은도 그와 같은 운명을 짊어지고 고민해 왔다고 생각하지 않을 수 없다.

8. 장성택 숙청과 공포정치 시작

전격 해임

장성택이라는 이름, 지금까지 일반에게는 그다지 익숙하지 않은 이름이었을지도 모른다. 그러나 우리 북한 소식통 사이에서는 플레이보이이고, 백두혈통은 아니지만 로열패밀리에 속하는 유명인이었다.

김정은이 '자애에 넘치는 지도자'상을 내팽개쳐 버린 것은 고모부 장성택 체포가 계기였다. 김정일 사후에 후견인으로서 자신을 떠받쳐준 고모부를 처형시킨 김정은의 정치수법은 국제사회를 뒤흔들었다.

조선노동당은 2013년 12월 8일, 김정은의 주재로 당중앙위원회 정치국 확대회의를 개최하였다. '장성택을 모든 직무에서 해임하고 일체 칭호를 박탈하며 노동당에서 출당, 제명시킨다'는 것을 전격 결정하였다. 아울러 정치국 확대회의 석상에서 장성택이 국가안전보위부(현 국가보위성)에 연행되는 사진 2장을 본보기로 공개하였다. 거기에는 포승줄에 묶여 비밀경찰에게 양팔을 끼인 채 고개 숙인 장성택의 모습이 있었다. 대중이 보는 앞에서 실각시킨 결정적인 순간을 포착한 사진은 국내외에 장성택의 실각에 강한 인상을 주었다.

결정문에는 장성택의 죄상이 열거되어 있었다.

'장성택 일당'이 김정은 동지의 유일적 령도체계 사업을 저해하고 원수님의 절대적 권위에 도전하는 '반당·반혁명적 종파행위'를 범하였다. 강성국가건설과 인민생활 향상에 '막대한 해독을 미치는 반국가적·반인민

적 범죄행위를 저질렀다.'

장성택의 죄는 크게 ① 반당·반혁명적 분파행위, ② 국가의 경제사업 방해, ③ 부패타락행위, 세 가지로 구분할 수 있다.

- 당내에 분파를 형성하고, 당중앙위원회와 산하단위 간부대열에 측근을 박아 넣어 세력을 넓히고 지반을 꾸리려고 획책하였다.
- 당의 방침을 공공연히 뒤집는 듯한 글귀, 조선인민군 최고사령관의 명령에 따르지 않는 반혁명행위를 하였다.
- 장성택이 관할하는 사법·검찰·인민보안기관에서 당의 지도를 약화 시키는 중대한 해독을 끼쳤고 당 행정부장의 직권을 악용하였다.

요컨대 김정은에 대항하는 세력을 만들고, 그의 명령에 따르지 않고, 그의 지시를 방해했다고 해서 단죄한 것이다. 방치하면 자신의 권력을 위협할 것이라고 느낀 김정은에 의한 치열한 권력투쟁이었다.

경제면에서는, 장성택과 그 추종자들이 내각 등 경제지도기관의 활동을 방해했다고 비판하고 있다. 국가의 경제발전과 인민생활 향상에 중요한 부문을 장악하고 '국가의 귀중한 자원을 헐값에 팔아넘긴 매국행위'를 했다고 주장하였다. 장성택이 외화획득사업을 독점하고 중국과의 무역에서 북한의 광물자원을 부당하게 염가로 매매했다고 비난한 것으로 이권 싸움도 숙청의 큰 요인이 되었다는 것을 알 수 있다.

또 장성택의 병력과 생활면에서의 부패타락도 연이어 폭로하였다.

"여러 여자와 부당한 관계를 맺고 고급음식점의 안가에서 술놀이와 먹자판을 벌여왔다", "사상적으로 병이 들고 마약을 사용하였다", "외화를 탕진하고 도박장을 드나들었다"라고 세세하게 사례를 열거한 것도 이례적이다. 북한에서는 간부해임의 이유는 밝히지 않는 것이 통례였다.

숙부에게 사형 판결

"만고의 역적인 장성택을 혁명의 이름으로 단호히 단죄, 규탄하고 공화국 형법 제60조에 의거 사형에 처하기로 판결하였다."

만고의 역적……. 웬 시대착오적인 표현인가. 대하드라마 아니면 사극인가. 21세기에는 어울리지 않는 과장된 표현이 눈길을 끌었다.

북한·국가안전보위부 특별군사재판소는 2013년 12월 12일, 장성택의 심리를 실시하고 김정은을 쿠데타 대상으로 삼은 국가전복음모행위를 기획했다고 사형판결을 내렸다. 해임결정을 하고 불과 4일 후, 사형은 즉일 단행되었다. 판결문 내용을 종합해 보면, 장성택은 김정은의 후계에 불만을 품고, 김정일 사후에 정권탈취를 위해 당, 군, 경제기관 등에 연이어 파벌을 만들고 김정은의 정권기반을 약화시키려고 시도하였다. 또 중국에 지하자원을 매각하고 나선경제특구의 신 부두사용권을 부여한 것 등에 대해 비판하고, 2009년의 통화 원의 디노미네이션(통화호칭단위 변경)에 의한 혼란에 관해서도 실패한 책임은 모두 장성택에게 있다고 주장하였다.

장성택은 심리 중에 "나는 군대와 인민에게 국가의 경제실태와 인민생활의 파국이 확산되고 있음에도 불구하고 현 정권이 아무런 대책도 강구할 수 없다는 불만을 품게 하려고 시도하였다"라고 인정하였다. 또 쿠데타의 대상은 '최고지도자 동지다'라는 등 김정은에 대한 무장쿠데타 계획을 속속들이 드러냈다. 쿠데타에 있어서는 인맥 있는 군 간부와 당 행정부 제1부부장인 리룡하 등 행정부 심복, 인민보안기관담당자 등을 동원할 계획이고, "경제가 완전히 하락, 국가가 붕괴직전에 이르면" 권한을 내각에 집중시켜서 자신이 "총리가 되려고 하였다." 판결문은 장성택의 범행은 "심의 과정에서 100퍼센트 입증"되었다고 강조하였다.

북한의 3대 세습의 역사는 숙청 없이 거론할 수 없다. 김일성은 한국전쟁 휴전 직후부터 연이어 정적을 숙청하였다. 1955년에는 남로(남조선노동당)파인 박헌영을 간첩죄로 처형하였다. 1956년에는 소련의 스탈린 비판을 받고 국내에서 김일성 비판을 한 '중국파', '소련파'를 숙청하였다. 김정일도 70년대에 김일성의 동생인 숙부 김영주와 심한 권력투쟁을 전개하였다. 김정일은 후계의 지위를 굳히고 김영주를 지방으로 추방했다. 북한은 장성택의 해임을 강행하였다. 김일성·김정일시대의 숙청처럼 '당의 유일 령도체계를 확립하는 과정에서 일어난 피할 수 없는 투쟁'이라고 자리매김하고 정당화하였다. 다만 과거에는 친족을 처형하는 일은 없었다.

'자신에게 거스르는 자는 숙부라도 용납하지 않는다.'

김정은은 친족조차 망설임 없이 극형에 처하고 냉혹함을 노골적으로 드러냈다. 그리고 그 이후 과거 2대의 지도자 이상으로 '공포정치'에 의한 체제강화로 기울고 있었다. 장성택의 처형에 동반해 고모인 김경희도 공식 석상에서 모습을 감추었다. 북한 내부에 김정은에게 두드러지게 반론하거나 의견을 낼 수 있는 인물은 존재하지 않게 되었다. 자신의 뜻에 따르지 않는 인물은 주저하지 않고 숙청하고 절대로 넘버2를 만들지 않는다. 장성택 숙청은 독재자 김정은 탄생의 출발점이 되었다.

140명을 숙청

장성택 처형에 따라 숙청의 대상은 '장성택 일당'으로 파급되었다.

한국의 탈북자조직은 전 북한고위간부들의 증언에서 장성택 측근이었던 당 간부 약 415명, 산하기관 간부 약 300명, 인민보안성 간부 약 200명이 공개총살 당했다고 발표하였다.

가족 관계자도 포함하면 숙청된 사람은 2만 명에 이른다는 지적도 있었다. 장성택과 일련의 숙청 이외에도 거물급 간부의 처형도 잇따랐다.

- 2012년 7월 리영호(조선인민군총참모장)
- 2015년 1월 조영남(국가계획위원회 부위원장)
  = 김정은에게 이견을 제시(총살)
- 2015년 1월 변인선(총참모부 작전국장) = 김정은의 명령에 불복종(총살)
- 2015년 4월 현영철(인민무력부장) = 졸음(고사총 처형)
- 2015년 5월 최영건(부수상) = 김정은의 산림정책에 불만(총살)
- 2016년 7월 김용달(부수상) = 회의에서 자세가 나쁘다(총살)

리영호는 김정일시대부터 측근으로 군의 실력자였다. 그러나 김정은시대가 되고나서 갑자기 해임되었다. 김정은이 착수했던 군의 통제강화에 비협조적이었기 때문이라고 보이지만, 이유는 명확하게 밝혀지지 않았다. 김정은은 군 수뇌를 빈번히 갈아치우고 있다. 그만큼 군에 대한 경계심이 강하다. 넘버2를 만들지 않도록 신경을 곤두세우고 있다는 것을 알 수 있다.

보통 북한에서 숙청이유가 공개되는 일은 거의 없다. 장성택은 어디까지나 예외다.

간부의 해임은 본인이 나와야 하는 행사에 나오지 않고, 본인 직위에 다른 사람의 이름이 낭독되는 것으로 알게 되는 경우가 대부분이다.

숙청의 이유도 여러 방면에 걸쳐 있다. 김정은의 지시에 따르지 않고 불만을 입 밖으로 토로했다든가, 다른 의견을 말한 것만으로도 처형된다. 일본의 방위상에 해당하는 인민무력부장 현영철은 '졸음', 부수상인 김용달은 '자세가 나쁘다'라는 것만으로 총살당했다.

2017년에는 비밀경찰에 해당하는 국가안전보위성[16]의 수뇌 김원홍이 대장에서 소장으로 격하된 후, 국가보위성에서 해임됐다. 김정은의 측근으로서 공포정치를 추진해온 측근조차도 경질대상이 되었던 것이다. 한

---

16 북한에서 반당 반체제 주민들과 사상 이반자들을 색출·감시하는 사회통제기구.

국의 정보에서는 보위성의 인권유린행위, 즉 조사대상자를 고문하기도 하고 폭행을 가하기도 해서 사망에 이르게 하는 사건이 빈발해 김정은이 격노했다는 배경도 있다고 말한다. 물론 월권·부정부패에 관여하고 있다는 말도 있다.

김원홍의 실각이 밝혀지기 직전 우리 북한소식통이 주목하고 있던 김정은의 말이 있다.

"언제나 늘 마음뿐이었고 능력이 따라서지 못하는 안타까움과 자책 속에 지난 한 해를 보냈다"

자기반성이라고도 받아들여질 수 있는 발언이다. 사실은 이것이 간부 숙청의 예고였다는 견해가 부상하고 있다. 무슨 일일까?

애당초 북한주민 사이에서 김정은의 '무능' 발언을 액면대로 받아들이는 사람은 없다.

신격화되어 모든 것에 대해 '만능'인 김정은이 '생각대로 되지 않는다'라고 한탄하고 있다. 그렇다면, 바꿔 말해 주위에 책임이 있다는 것이다. 즉, 김정은을 만족시킬 만큼 입무를 수행하지 못한 간부에 대한 경고였다고 말할 수 있을 것이다.

김정은 지도부의 간부들은 공포정치에 겁먹었다. 살아남기 위해 충성경쟁이 격렬해지는 한편, 정적의 흠 들추기나 밀고에 힘쓴다. 그것이 한층 더 공포정치를 만들어낸다.

2장

순조롭게 진행되지 않는 '김정은의 꿈'

고층 주택이 줄지어 세워진 려명거리의 '평해튼'
(2017년 4월)

1. 꿈의 마천루 '평해튼'

'적의 정수리에 떨어진 역사적 승리'

평양에 거대한 마천루가 있다.

당대회가 개최된 4·25문화회관 앞 교차로에서 김일성·김정일의 시신이 안치되어 있는 금수산태양궁전에 이어진 도로에 있다.

공책을 만들어도 그 모양이 고르지 않은 국가가 과연 이런 고층빌딩을 지어도 괜찮을까? 이 '려명거리'에 치솟은 빌딩을 처음 보았을 때 제일 먼저 떠오른 것은 "종이를 겹겹이 붙여 만든 연극소품 같은 가짜가 아닐까?" 라는 의문이 들었다.

그 빌딩의 준공식 행사가 개최되었을 때의 일이다.

2017년 4월 15일, 김일성 탄생 105주년을 맞이하여 대규모 행사가 개최되었다.

군사 퍼레이드에서는 미국 본토를 겨냥한 대륙간탄도미사일(ICBM)을 포함한 신형처럼 보이는 미사일이 등장했다. 또 잠수함발사 탄도미사일(SLBM)등 다양한 무기도 과시하고 군사력 향상을 보여주었다. 다음날에는 함경남도 신포에서 중거리탄도미사일 1발을 발사[1]했지만 실패. 미국은

---

[1] 합동참모본부는 이 미사일이 동해 방향으로 발사됐으며 최고 고도는 189km, 비행거리는 60km 로 분석됐다고 밝혔다. 북한의 신형 중거리탄도탄인 북극성 2형 계열로 추정됐다.

무력행사도 배제하지 않을 자세를 보이고 신경전은 계속되었다.

군사력뿐만 아니다. 사실은 북한이 세계를 향해 알리고 싶은 것이 하나 더 있었다. 취재반이 향한 그곳은……

도로 양쪽에 많은 인파가 모였다. 한복을 입은 여성과 양복 차림의 남성이 걸어가고 있다. 손에는 꽃장식을 들고 있는 사람도 있다. 무슨 행사가 있는 것 같았다.

회장 주변으로 향하는 전방 약 500미터 근처에서부터 모든 골목에는 자동소총을 든 병사들이 서있고 가까운 빌딩의 옥상에는 감시병의 모습이 보였다. 엄중하게 경비가 깔려 있었다.

자동차가 정차한 곳에는 북한의 인공기 등을 곁들인 애드벌룬이 올려지고, 확성기를 단 선전용 자동차의 모습도 보였다. 주변에 엄청나게 많은 수의 군인이 모이기 시작했다. 풍선을 든 여학생과 일반 주민들이 사방팔방에서 광장을 향해 모여들고 있었다.

빨강색 융단이 깔린 연단 주위에는 TV카메라도 스탠바이하고 있었다. 카펫 위에서 청소기를 돌리고 있는 사람의 모습도 보였다. 도대체 누가 오는 걸까? 안내원에게 수없이 물어봐도 대답이 없다. 마지막 순간까지 알 수 없었다.

그러나 이미 모여 있던 간부 중에 힌트가 있었다.

머리카락을 뒤에서 단정히 핀으로 고정하고 간부들과 대화를 나누고 있는 여성, 김여정이었다.

갑자기 병사가 있는 아래쪽으로 달려간다. 손에 들고 있는 것은 휴대전화였을까? 무엇인가를 맡기는 동작이다. 김여정은 웃음 띤 얼굴로 부탁하는 듯한 태도였다. 간부들 중에서 지극히 자연스러운 몸짓이 돋보였다.

만세! 만세! 주민들의 열광적인 목소리가 울려 퍼진다. 차에서 모습을 드러낸 사람은 김정은이었다.

여기는 김정은의 주선으로 건설된 려명거리다. 이 날을 목표로 하여 빠른 속도로 공사를 진행해 고층빌딩들을 완성했다.

꽃다발을 받은 김정은 뒤에 김여정이 딱 붙어 다니고 있다.

김정은은 자동차에서 내려 지도부 멤버와 잠시 대화한 후에 연단에 올라섰다. 지도부의 직원과 대화를 나눌 때에는 미소도 짓고 대범하게 행동하던 모습이었지만, 단상에 올라가서는 태도가 싹 바뀌어 엄숙한 표정을 짓고 있었다. 주민들에게 위엄을 보이려는 것인지 아니면 기분이 나쁜 것인지……. 이 날 김정은은 줄무늬가 들어간 인민 복장이었고 파란색 뿔테 안경으로 멋을 부리고 있었다.

동료 기자가 100미터 거리에서 김정은을 보고 있었기에 인상이 어떠했는지 물어보았다.

"솔직하게 말하면 생각했던 것보다 몸집이 제법 있구나! 라고 생각했습니다. TV에서 보는 것보다 키는 그다지 크지 않은데 몸집이 큰 것에 놀랐습니다."(베이징 지국, 이와쓰키 노리유키 기자)

식전에서 박봉주 내각총리가 연설하였다.

"노동당의 기념비로서 용장화려하게 치솟은 려명거리의 준공식을 맞이하였다. 려명거리의 건설은 수소탄을 백 발, 천 발 쏜 것보다도 무서운 철퇴를 적의 정수리에 내려친 역사적 승리다."

려명거리에는 핵폭탄 이상의 위력이 있다고 성과를 과시하였다. 김정은 체제하에서 북한이 번영하고 있다는 것을 국내외에 과시한 것이 이 려명거리다.

북한은 실제로 능력이 없어도 있는 것처럼 과시한 적이 자주 있다. 고층빌딩의 마천루가 완성되었다고 해서 그 내부가 한국이나 일본과 같은 기능을 겸비했다고는 도저히 생각할 수 없다.

북한이 주장하는 것은 객관적인 검증이 불가능한 것이 대부분이다. 그렇기 때문에 우리 한반도 소식통은 제한된 취재기회를 통해 최대한 정보를 수집하고 세부에서 전체를 해독해 갈 수 밖에 없다.

표어는 '만리마'

려명거리는 김정은의 명령으로 2016년 4월에 건설되기 시작했다. 함경북도의 태풍피해 복구를 우선해서 잠시 공사가 중단되기는 했지만, 그후 2017년 4월 15일까지 완성을 목표로 하여 빠른 속도로 건설이 진행되었다.

려명거리에는 70층의 고층아파트를 포함한 40여 개동 건물이 거리 양쪽에 줄지어 들어섰다. 완성 후, 곧바로 주민과 군인에게 개방되어 많은 사람이 거리를 걸어다니는 모습을 볼 수 있다. 각 빌딩은 근대적 디자인으로 꾸며졌다. 견학하는 사람들은 생소한 빌딩 디자인을 눈이 부신 듯 올려보고 있었다. 군인들이 대열을 지어 합창하면서 거리를 활보하며 지나간다.

이 거리는 수많은 군인과 주민들이 동원되어 1년 만에 완성하였다.

북한의 TV에서 아파트의 한 가구가 소개되었다.

엷은 녹색과 흰색을 나누어 칠한 식당, 널찍한 거실, 침대가 놓여있는 침실. 주변은 쇼핑몰과 학교 등도 완비되어 있다. 김정은의 지시로 에너지 절약설비와 옥상을 녹화하는 환경건축을 도입했다고 한다.

김정은은 핵·미사일 개발과 경제건설의 병진노선을 내걸고, 경제제재하에서도 그 방침은 전혀 변하지 않았다. 려명거리는 그 상징으로서 해외 언론에 공개되었다.

홍콩과 상하이에 있을 것 같은 현대적인 건물군을 보고 미국 뉴욕의 맨해튼을 흉내내어 '평해튼'이라고 부르는 사람도 있다.

이 전년도에 북한은 '미래과학자거리'라는 고층아파트 거리를 조성하였다. 그것과 비교해보면 려명거리는 상당히 규모가 크고 1년 만에 만들었다는 것은 믿을 수 없을 정도다. 보통은 불가능하다.

그러나 불가능을 무리해서라도 가능하게 하는 것이 김정은 방식이다.

북한에서 건설현장은 전쟁터에 비유된다. 수많이 동원된 군인들이 밤낮을 가리지 않고 공사한다. 이 때문에 상식적으로는 믿기 어려운 속도로 건설이 진행된다. 북한에서 이 정도의 속도를 표현하는 단어로 '천리마'라는 것이 있다. 김정은 시대가 되어 이 속도를 웃도는 의미를 담아 '만리마'가 표어로 사용되게 되었다. 이 '만리마'를 슬로건으로 하여 공사를 강행한 결과, 려명거리의 심볼이 된 최고층 건물 70층 아파트를 불과 70일 만에 완성했던 것이다.

경제제재 속에서도 자력으로 이 정도의 일이 가능하다. 김정은은 북한의 의지를 내외에 과시하고 싶었을 것이다.

그러나 상당히 무리를 한 것임에는 틀림없다. 무역수입의 대부분을 차지하고 있던 중국으로의 석탄수출이 2017년 2월에 중단되었다. 이밖에도 핵·미사일 개발에 동반한 국제사회의 압력이 고조되어, 이 현상이 지속되면 북한이 더욱 곤경에 빠질 것은 불 보듯 뻔하다.

내부 사정이 아무리 힘들어도 약한 소리는 절대로 내뱉지 않는다. 김정일의 무뚝뚝한 얼굴은 적어도 그것을 말하고 있는 것처럼 보였다.

2. 새 터미널, 정말로 직접 만들었다

김정은의 전용기

결코 감춰놓은 것을 발견했다는 것은 아니다. 그렇지만 그 때 나는 '이

것이 김정은이 중요하다고 고집하는 아이템 중의 하나'라고 짐짓 납득했던 것을 기억하고 있다. 그에게 있어서 소중한 것이란…….

2014년 6월, 나는 중국 베이징에서 북한 고려항공기를 타고 평양공항에 도착했다. 승객은 활주로에 내려서 공항으로 걸어 들어갔다. 평양국제공항에서는 제1터미널 옆에 제2터미널이 건설 중이었다. 최상층과 옥상 부분에서 작업하고 있어서 크레인도 사용되고 있었다.

◀ 국내 시찰에도 사용되는 김정은 전용기 (2014년 9월)

그리고 3개월 후에 갔을 때는 터미널 반대쪽에서 비행기를 내려 버스에 올라탔다.

활주로 확장공사가 진행되어 터미널 앞에 비행기가 착륙할 수 없게 된 것이다.

포장상태가 좋지 않아서 덜컹덜컹 흔들거리며 이동하던 도중에 궁금한 것을 발견하였다. 그것은 김정은의 전용기였다.

하얀색 기체의 동체 부분에는 북한의 인공기와 '조선민주주의인민공화국'의 글자가 있고, 꼬리날개에는 흰색 원 안에 빨간색 오각별 마크가 보였다. 김정은 전용기를 의미하는 '1호기'를 상징하는 마크다.

나는 김정은이 중요하다고 고집하는 이 아이템을 뇌리에 새겼다. 그리고 제2터미널 건설현장에 눈길을 돌렸다.

드넓은 활주로에 작업 노동자들이 쪼그리고 앉아 묵묵히 작업을 하고 있었다. 수작업으로 활주로를 다듬고 있었다. 이것은 바로 북한이 선전문구로 내건 '자력갱생'을 그대로 실생활에 옮긴 것이다. 터미널 앞에는 중장비가 놓여 있고 도로포장 중이었다. 붉은색 깃발과 선전문구를 내걸고 공사의 사기를 북돋우는 것이 북한 방식이다. 장비에 영어 표기가 있는 것을 보니 외국제인 것 같다. 불도저는 고장인지 노동자들은 삽으로 흙을 싣고 있었다.

◀ 수작업으로 진행되는 평양공항터미널 확장 공사 (2014년 9월)

그 외 다른 장비도 작동하고 있는 것은 몇 없다. 역시 수작업 중심이다. 작업하다만 활주로에 몸을 구부리고 자세히 보니 노면이 파도치듯이 일그러져 있다. 제2터미널 입구 부근에서는 건설자재로 목재가 사용되고 있는 것이 눈에 띤다. 공사에는 많은 군인이 동원되고 있었고 여성병사의 모습도 볼 수 있었다.

전력이 부족한 탓인지 공항 안에서도 자주 정전이 발생하였다. 선전문구 중에 '절전'이라는 글자를 볼 수 있다. 자재와 연료를 허투루 사용하지 않으려고 신경을 쓰고 있는 것 같았다.

터미널 안의 대합실에 들어갔다.

많은 손님이 비행기의 출발을 기다리고 있었다. 전광게시판에는 출국 비행기로 표시된다. 상하이나 베이징 등 중국으로 가는 정기편, 국내노선과 특별기도 섞여 있었다. 이 무렵 한국에서 아시아대회가 개최되고 있었기 때문에 인천공항으로도 비행기가 뜨고 있었다.

대합실에서 눈길을 끈 것은 역시 고려항공의 객실승무원이었다.

짙은 남색에 하얀색 선이 들어간 재킷, 민소매 원피스, 리본이 달린 하이힐에 모자, 그리고 여행용 가방, 짧은 미니스커트, 꽤 세련된 모습이다. 이전에는 빨간색 원피스의 제복이었는데 새롭게 단장하였다.

그녀들의 제복을 보고 나는 직감했다. 틀림없이 김정은의 부인 리설주의 스타일에서 영향을 받았다고.

리설주는 김정은의 시찰에 동행할 때 타이트스커트에 뒷굽이 있는 구두를 신는다. 그녀는 언제나 여성스런 스타일로 등장하는 북한의 패션리더라고 할 수 있는 존재다. 객실승무원 제복도 퍼스트레이디의 스타일에 맞추어 단장시켰다는 것은 상상하기에 어렵지 않다.

고려항공 정기노선은 주 4~5회 정도(동계는 주 2~3회) 베이징과 평양을 연결한다. 1시간의 짧은 비행시간에도 기내식이 나온다. 햄버거류의 빵, 음료는 북한산 배주스와 대동강맥주, 인스턴트 커피 중에서 선택할 수 있다.

손에 고려항공 지방노선의 탑승권이 있다.

평양에서 함경북도 어랑행 표에는 플라이트 넘버여객기의 편 번호가 손글씨로 적혀 있고 날자와 도장이 찍혀 있을 뿐 탑승구 번호와 좌석표시는 없다. 뒷면에는 북한의 상징인 백두산과 주체사상탑 그림이 그려져 있다. 다른 한 장, '일반좌석표'라는 종이를 건네받았다. '여기에 좌석번호가 적혀 있구나'라고 생각한 것도 잠시, 이 노선에는 좌석번호가 없고 모두 자유석이었다. 이 '일반좌석표'가 왜 존재하는지 의문이다. 어찌되었든 이 지방 항공권은 꽤 희귀한 것이라고 말할 수 있겠다.

지금까지 지방노선은 전세기 위주였지만, 2014년 봄부터 주 2회, 어랑행 정기노선이 운항되기 시작했다. 프로펠러 비행기지만 50명 정도 탑승할 수 있다. 북한도 국내 이동에 비행기가 이용되는 시대가 되어가는 것 같다.

비행기를 좋아해

김정은의 아버지인 김정일은 해외에 갈 때에도 열차를 이용했다. '김정일이 방중한다'라는 정보가 들리면, 베이징 주재 언론은 앞 다투어 북한과 중국 국경인 단둥丹東으로 취재를 위해 모여든다. 특별 설계구조의 '장군열차'를 뒤쫓아 매번 필사적으로 행선지를 알아내 어떻게든 김정일의 영상을 촬영하려고 요소요소에 포진하고 있었던 일이 기억에 남아 있다.

한편, 김정은은 국내 시찰에 열차가 아닌 전용기를 자주 이용한다.

인상적이었던 것은, 2015년 2월에 조선중앙TV가 방영했던 김정은이 전용기에 올라타는 장면이다.

전용기가 향한 곳은 평양 중심부에 건설 중인 주택공사 현장. 전용기를 이용한 평양시찰이 보도된 것은 처음이었다. 기내에서 창밖을 내다보며 공사현장을 확인하는 김정은. 주변에는 도면 같은 것이 놓여 있고 기내의 벽과 좌석에는 별을 본뜬 전용마크가 있는 것을 확인할 수 있었다.

기내는 상당히 화려했다.

중후한 나무책상에 가죽을 씌운 의자. 담배 애호가인 김정은을 위한 크리스탈 재떨이도 놓여 있었다. 이날의 보도는 김정은이 상공에서 주택공사의 진행상황을 확인하고 "대만족 하시었다"라고 전했다.

"변모하는 평양의 모습을 내려다보면서 이러한 속도로 건설을 진행한다면 평양은 세계에 자랑할 만한 도시가 되는 날도 머지않았다." 김정은은 이렇게 말했다고 한다.

다른 영상에서는 비행기 조종석에 앉아 진지한 표정으로 서류를 훑어보고 있는 김정은이 있었다.

서류를 옆에 두고 이번에는 조종간을 잡는다. 활주로를 앞에 두고 비행기는 이륙준비에 들어간다. 김정은 옆에는 부조종사일까? 다른 파일럿 한 명이 앉아 조종을 보좌하고 있었다. 그는 김정은이 잡은 조종 레버의 옆에서 돕고 있다. 이륙을 향해 속도를 가속하고 드디어 비행기가 날아오른다.

북한 최고지도자가 비행기를 실제로 조종하는 영상이 공개된 것은 물론 처음이다. 왜 스스로 비행기를 조종해 보여야만 했을까.

"파일럿들이 훈련 때마다 위험하다고 생각을 하고, 또 그 가족들도 걱정하고 있기 때문에 나 자신이 실제로 비행기를 조종해 보여 위험하지 않다는 것을 보여주어야만 했다."

김정은은 스스로 조종한 이유를 이렇게 설명하였다.

이렇게 첫 비행은 실현되었다. 비행기는 점점 고도를 높였다. 김정은이 조정을 계속했다. 가끔 옆에 있는 파일럿 쪽으로 눈길을 보내기도 하고 전방을 손으로 가리키고 계기를 확인하는 모습도 연출했다. 측근 간부들은 위험하다는 이유로 김정은의 비행기 조종에 반대했다고 한다. 그런데도 김정은은 강행하였다.

"최고지도자가 파일럿과 함께 해야 한다고 생각한다. 내가 비행기에 타야만 파일럿들이 최고지도자는 언제나 자신과 함께 있다고 생각하고 힘과 용기를 낼 것이다."

짧은 비행을 마치고 이번에는 착륙태세로 전환하였다. 뒤에서 다른 남성 한 명이 보좌해 착륙 충격에 대비했다.

무사히 착륙에 성공하자, 김정은은 긴장을 풀고 뒤에 있는 남성과 대화를 주고받는다. 지금까지도 군 시찰 때 공군기에 올라타는 등 비행기에 지나치게 집착하던 모습이 여기에서도 부각되었다.

2016년 9월 하순에 원산, 김정은의 집념이 있어서인지 북한에서 첫 선을 보이는 에어쇼가 열렸다. 때마침 제6차 핵실험과 장거리탄도미사일 발사의 징후가 보이는 등 긴장이 계속되고 있던 터에 개최한 것이다.

굉음과 함께 등장한 미국제 군용 헬기 4대의 편대비행에 의해 에어쇼가 개막됐다. 미그29와 미그21의 곡예비행과 낙하산부대의 낙하. 차례로 시범경기를 선보였다. 1만 명이 넘는 현지주민이 박수갈채를 보냈다. 그중에는 춤추기 시작하는 사람까지. 에어쇼를 보기 위한 일본을 포함한 해외 관광객의 모습도 보였다.

"주위에서 반대가 많았습니다만, 이런 민간 이벤트인 항공축제를 계기로 주위 분들에게 이해를 얻어 오게 됐습니다."

한반도 정세의 긴장과 관광객 구속 등 불안한 면도 있지만, 항공 팬을 매혹시키는 것은 미그기와 투폴레프^{러시아의 폭격기} 등 다른 공산주의권에서는 현역에서 물러난 구형 비행기가 하늘을 나는 모습을 눈으로 직접 볼 수 있기 때문이다.

유엔의 경제제재로 인해 민간기를 제외한 항공연료의 수입이 원칙적으로 금지되어 있음에도 불구하고 북한이 에어쇼를 개최한 목적은 명확하다. 경제제재에도 흔들리지 않는 강건함을 내외에 알리려는 것이다. 아울러 해외에서 관광객을 유치하여 외화를 획득하려는 것으로 일석이조의 효과가 있다.

쇼가 한창일 때, 관객들이 제지하는 것을 뿌리치고 활주로로 몰려나오는 장면이 있었다. 회장에 북한 최초의 여성전투기 파일럿이 모습을 보이는 순간이었다. 김정은의 지시로 육성된 이 두 명의 여성 파일럿을 보려고 주민들이 한꺼번에 몰려나온 것이다. 두 명은 아이돌을 방불케 할 정도로 기념촬영도 하고 해외 언론의 인터뷰에도 응하고 있었다.

◀ 항공쇼에서 모습을 드러낸 최초의 여성 파일럿 (2016년 9월)

"우리들은 원수님의 구상과 지시대로 전력을 다했을 뿐입니다."

김정은의 후원이 있는 것만으로도 일약 영웅이다. 훌륭한 국민적 우상이 될 수 있다.

덧붙여서, 이 에어쇼는 이듬해인 2017년에는 개최가 중지되었다. 북한과 미국의 대립격화로 인해 예상만큼 손님을 모을 수 없었던 것과 유엔 제재에 의한 연료부족의 심화가 원인일 것이다.

3. 체육 강국의 환상

축구 영재교육

가끔 북한에서 스포츠에 관한 뉴스가 전해진다. 그때마다 나는 '북한에 스포츠를 할 여유가 있을까? 배를 곯은 채 운동하는 것은 괴롭지 않을까?' 라고 불가사의하다고 생각하고 있었다.

김정은은 최고지도자로 취임한 직후부터 스포츠 진흥에 주력해왔다. 국제대회와 올림픽에서 좋은 성적을 내고 북한의 위세를 세계에 알리는 것이 목적이다. 도쿄올림픽을 위해서 선수들에게 격려문을 보냈다고 한다.

그 상징적인 장면이 2015년 동아시아 컵에서 여자축구팀이 우승했을 때다. 김정은이 일부러 공항까지 마중 나가 선수와 감독을 맞이하였다. 외국의 원수를 맞이하듯이 활주로에서 기다리고 있다가 감독과 서로 껴안고, 선수 한 사람 한 사람과 악수하고 건투를 칭찬하였다. 김정은은 꽃다발을 든 선수들에 둘러싸여, 이리 저리 치이고 몹시 시달리면서도 시종 만족스러운 표정이었다.

아버지 김정일이 영화와 음악을 좋아해서 예술을 정책의 기둥으로 삼은 것에 반해, 김정은은 스포츠 진흥에 힘을 쏟아 북한을 체육강국으로 만들 것을 목표로 해왔다. 올림픽과 국제대회에서 활약하는 선수를 늘리고 북한의 위상을 높이는 것이 그의 꿈이다.

특히 주력하는 운동종목은 축구다.

2017년 4월, 세계적인 축구선수를 육성하기 위해 만들어진 평양국제축구학교가 해외 언론에 공개되었다.

북한 음악에 맞추어 풋워크 연습을 하는 어린이들. 최대한 빠른 속도를 낼 수 있도록 손발을 재빠르게 움직이고 있다.

"발, 발, 빨리 빨리."

코치의 지시에 따라 묵묵히 연습을 하고 있다. 선수들의 수준은 꽤 높아 보인다.

"시작, 네~."

다른 코트에서는 볼을 사용해 연습하는 여학생들의 모습도 보였다. 모두 빨강색 유니폼을 입고 있다.

연령별로 나뉘어 연습에 힘쓴다. 북한의 각 지역에서 선발된 우수한 8~16세의 학생 200여 명이 이 학교에서 공부하고 있다고 한다.

학교 정면 입구에는 김정은이 축구대회를 시찰했을 때의 커다란 사진과 '말씀'이 적혀 있었다.

"김정은 동지가 지도할 때 축구학교는 북한 대표선수의 양성기지이므로 아까울 것이 없다고 말씀하시었다."

이 학교는 2013년에 설립되었고, 학교 이름은 김정은이 명명하였다.

교내에서는 투쟁심을 부추기기 위해서일까? '잊지 마라. 미제국을!' 이라고 그려진 포스터가 붙여 있는 것이 눈길을 끌었다. 시청각실에서 상영되고 있는 것은 축구가 아닌, 학교의 학생이 출연하는 리듬체조 비디오다. 김정은이 '잘 만들었다'고 인정한 체조라고 한다.

학교에는 기숙사도 완비되어 있다. 기숙사의 방마다 놓인 2단 침대에는 1단에 6장의 담요가 놓여 있었다. 1단에 6명이 자는 것일까? 교사 안에는 인조잔디 구장도 있어 비오는 날에도 연습할 수 있게 되어 있다.

김정은이 힘을 쏟고 있는 만큼 설비가 잘 갖추어져 있다. 그러나 학생끼리의 경쟁은 치열하다. 성적이 나쁘면 고향으로 돌려보낸다고 한다. 학생들은…….

Q. 어떤 축구 선수가 되고 싶습니까?

A. 훌륭한 축구선수가 되어 조국의 영예를 떨치겠습니다.

Q. 북한 축구 수준은 어느 정도입니까?

A. 잘 모르겠습니다만, 발전하고 있습니다.

한순간 대답이 막혔지만 모범답변을 한 남학생. 옆에서 지켜보고 있던 교사는 안심한 듯이 미소를 머금고 학생의 머리를 쓰다듬었다.

왜 많은 아이들이 필사적으로 축구선수가 되고 싶어 하는 것일까?

북한에서는 올림픽에서 금메달을 따면 일생동안 편안하게 살 수 있기 때문이라는 이유도 있다.

1996년의 애틀랜타 올림픽에서 유도의 다무라 료코 선수를 제치고 금메달을 획득한 계순희는 귀국 후에 승용차와 고급아파트, 인민체육인 칭호가 주어졌다. 좋은 성적을 내면 스포츠 영웅으로 극찬을 받을 뿐만 아니라 아파트와 자동차 등도 주어진다. 북한 주민 누구나가 부러워하는 생활을 할 수 있다. 사회적인 지위도 보장되고 가족도 우대 받는다.

그러나 기대에 부응한 성적을 내지 못하고 실패한 경우는 어떻게 될까? 혹독한 자기비판을 요구할 뿐만 아니라, 경우에 따라서는 탄광 등으로 보내져 강제노동을 하게 되거나 수용소에 들어가는 경우도 적지 않다. 그 때문에 북한을 탈출해 한국으로 망명한 선수와 감독도 있다.

스포츠가 통치의 수단으로 사용되어 선수의 운명조차 크게 좌우해 버린다. 북한에서는 모든 것이 국위선양을 위한, 그리고 김정은을 위한 것이다.

4. 36년만의 조선노동당 대회

따돌림 당하는 외국기자

2016년 5월. '북한의 집권정당'이라는 표현은 어울리지 않지만 이 나라를 통치하고 있는 조선노동당 당대회가 실제로 36년 만에 개최되었다. 1980년 이후에 실시하는 것이다. 일본에서라면 가수 겸 배우였던 야마구치 모모에山口百惠가 은퇴한 무렵부터 당대회는 열리지 않았다는 것이 된다.

이 취재를 위해 나는 5월 3일에서12일까지, 평양에 체류하였다. 북한이 취재를 받아들인 해외 언론기자와 카메라맨 약 120명이 모였다.

◀ 36년 만에 개최된 조선노동당 당대회 회장. 4·25 문화회관 (2016년 5월)

실제로 당대회가 개최된 것은 이 기간에 6~9일의 4일간 뿐이다. 그것도 회장에서 직접 취재하는 것은 허용되지 않았고 평양 중심부에 있는 '양각도국제호텔'에 설치된 프레스센터에 모아 놓고 국영 조선중앙TV의 보도를 보여주는 것으로 끝났다.

회기 중이라도 당대회와는 관계없는 병원과 공장, 전자도서관 등의 취재를 요구할 뿐이다. 결국 당대회 장면으로 취재가 허용된 언론사는 선택된 몇 회사뿐이었다. 그것도 마지막 날에 10분 정도의 촬영이라는 진정

바라던 것과는 다른 것이었다.

"만세! 만세!" 라고 회장에 환희의 소리가 크게 울려 퍼지고 김정은이 당위원장으로 추대되었다. 이 장면으로 36년만의 당대회는 끝이 났다. 당규약 개정, 새 지도부 인사, 김정은 칭호 변경 등 여러 가지 결정이 이루어졌다.

유감스럽게도 나는 당대회를 현장에서 취재할 수가 없었다. 이 마지막 장면도 결국 TV화면으로 볼 수밖에 없었다.

북한은 '당대회 취재 명목'으로 취재원을 받았을 텐데……. 우리는 몇 번이나 항의했다. 그러나 북한은 특수한 국가다. 우리들의 사고방식과는 다른 이론으로 움직이고 있고, 말이 전혀 통하지 않았다. 생각해보니 실수하는 것을 보이고 싶지 않았을 것이다.

김정은은 방대한 보고서를 읽어야 했기 때문에 잘못 읽거나, 말이 막히는 일이 생기거나, 상정 외의 해프닝이 일어날지도 모른다. 외국 언론은 그런 모습을 가차 없이 전하기 때문에 어떤 언론보도가 나갈지 예상할 수 없으며 북한 언론과 같이 보도내용을 검열할 수도 없다.

외국 언론은 김정은의 표정을 꼼꼼히 살피고 불안한 표정을 지으면 영상과 사진에 담을 기회를 호시탐탐 노린다. 김정은을 신처럼 모시지 않으면 안 되는 대회인데 국제사회에서 권위를 떨어뜨리게 되면 큰일이다. 보도와 선전선동을 담당하는 사람들은 상당히 신경을 쓰고 있음에 틀림없다. 그 결과 외국기자를 따돌린 것이라고 생각한다.

실제로 당대회 3일째인 8일. 해외 언론 전원에게 소집이 통보되었다. 이끌려 간 곳은 인민문화궁전이라는 시설이다. 여기에서 몸수색을 받게 되었다. '어쩌면 최고지도자가 있는 장소에?' 라고 모두가 술렁거렸지만 몸수색을 기다리는 사이에 '취재가 취소되었다'라는 연락이 왔다. 하는 수 없이 호텔로 돌아왔지만 어떤 취재인지, 왜 몸수색이 필요했는지, 중지된 이유는 무엇인지, 전혀 알려주지 않았다.

영원한 위원장

36년 만의 당대회에서는 무엇을 결정한 것일까?

개회선언 후, 김정은은 2일간 사업총괄보고를 끝없이 낭독하였다. 연설문은 3만 7000자나 되어 방영시간만으로도 3시간에 이른다. 연설에서는 안경을 쓰고 있었다. 참고로 36년 전 할아버지 김일성이 5시간 반 정도 걸려서 낭독하였다. 대부분이 프로파간다의 내용이므로 말하는 쪽도 듣는 쪽도 상당히 고통스러웠을 것이다.

조선중앙TV는 김정은이 보고하는 모습을 '특별중대방송'으로서 전했다. 내용을 정리하면 이렇다.

▷ **핵·미사일 개발**

북한은 책임있는 핵보유국이라고 새삼스럽게 주장. 경제건설과 핵개발을 동시에 진행하는 '병진노선'을 앞으로도 계속하고, 핵전력을 질적·양적으로 강화해 간다고 강조하였다.

▷ **'비핵화' 언급**

자주권의 침해가 없으면 핵의 선제사용은 하지 않고, 세계의 비핵화 실현을 위해 노력해 갈 것을 표명. 이 '비핵화'라는 단어는 김정은이 2013년에도 언급했으므로 이번 당대회 장소에서 의례적인 언급뿐이었다. 한편으로 핵보유국의 지위를 견지한 후에 대외관계를 발전시키고, 핵폐기에는 지금까지와 같이 그대로 부정적인 입장을 보였다.

▷ **대미, 대일, 남북관계**

미국에 대해서는 '세계의 평화파괴자'로서 공격대상이라고 규정하였다. 일본에 대해서는 과거 식민지지배를 사죄해야 한다고 한 후에 한반도 통일을 방해해서는 안 된다고 요구했다. 북일 수교와 납치문제 언급은 없었다. 한편 한국과의 남북관계에서는 '통일의 현실은 당의 가장 중요하고 절박한 과제다'라고 표명하고 근본적으로 관계를 개선해야만 한다고 주장하였다.

전체를 이해하고 말하자면, 여기에서는 그다지 허풍 없이 극단적으로 높은 목표도 내걸지 않았다. 즉 '현실노선'을 취하고 있다는 인상이었다.

'현실노선'은, 김정은이 다음의 당대회를 내다보고 있는 것을 의미한다. 아버지인 김정일시대는 성과가 없었기 때문에 당대회를 개최할 수 없었다. 그렇기 때문에 만약 차기대회를 개최하지 않는다면 주민들은 김정은이 성과를 내지 못했다, 능력이 부족하다고 생각할 것이다.

당운영을 정상화하고 당을 이끌어갈 위대한 지도자로 알리고 싶었을 것이다. 그것을 위해서는 지금부터 정기적으로 당대회를 개최할 필요가 있다. 그렇기 때문에 현실노선이라고 생각한다.

4일간의 당대회 모습을 전한 노동신문 1면은 김정은의 모습으로 채워졌다.

첫날은 계단식 단상에 앉은 지도부를 멀리서 찍은 사진, 2일째와 3일째는 사업총괄보고를 하는 사진, 마지막 날은 최고자리에 추대된 것을 전하고 동시에 양복을 입은 모습의 대형사진을 기재하고 보도하였다. 사진이 점점 커지고 마지막 날에는 화면 가득히 클로즈업했다. 당대회 기간 중에는 항상 인민복이 아닌 양복을 입었다. 새로운 느낌을 주는 것으로 보통과는 다른 연출을 한 것 같다.

김정은에게 당대회에서의 최대 성과는 '당위원장'으로 직함을 바꾼 것이 아닐까?

마지막 날에 김정은은 당 최고자리인 '당위원장'에 추대되었다. 결국 '지금부터 진짜 김정은시대가 시작된다'라고 내외에 선전한 것이다. 분명히 지금까지의 '제1서기'는 그다지 듣기 좋은 직함이라고 할 수 없다. 제2나 제3이 있을 것 같은 직위처럼 여겨지고 권위가 느껴지지 않기 때문이다.

아버지 김정일도 '김정일 총서기'라는 직함을 사용하고 있었다. 김정일의 경우, 아버지 김일성이 '당중앙위원회 총서기'라는 직함을 사망하기 전까지 사용했기 때문에 자리를 계승한 것이 되었다. 당시 김정일은 이미 권력을 독점하고 있던 상태였기 때문에 직위를 '이미 당을 초월한 존재'라고 생각하고 있었던 것 같다. 그렇기 때문에 자신은 '당중앙위원회 총서기'가 아니라 '중앙위원회'라는 단어를 빼고 '당총서기'라는 직함을 사용하였다.

이때 김정일은 '당대회'와 '당 대표자회'라는 정규 수속을 밟지 않고 최고지도자 직함을 사용한 경위도 있다.

김정은은 이것을 모방한 것 같다.

할아버지는 '영원한 주석', 아버지는 '영원한 총서기', 김정은은 '영원한 위원장'으로. 할아버지와 아버지와 같이 스스로를 우상화한 것임에 틀림없다.

잔재주만의 직함 변경이지만 김정은에게 이것은 필요한 의식이었을 것이다. 어차피 직함은 자유로이 변경할 수 있다. 나는 차라리 '대통령'이라고 하면 어떨까라고 생각하기도 했다.

5. 군사 퍼레이드 — 북한의 각오와 두려움

휴대전화, 개인 컴퓨터 금지

북한이라고 하면, 우리에게 제일 먼저 떠오르는 것은 군사 퍼레이드 장면이 아닐까?

병사들이 김정은에게 얼굴을 보이면서 일사불란하게 사열한다. 뒤쪽 김일성광장은 주민들로 가득 메워지고 카드섹션에 의한 '결사옹호' 등의 선전문구가 만들어진다.

2015년 10월 10일에 당창건 70주년을 기념하여 개최된 군사 퍼레이드는 조선인민군 병사 약 2만 명과 주민 10만 명이 참가해 사상 최대 규모가 되었다. 군사 퍼레이드는 몇 번이나 취재했지만, 이때는 김정은의 권위강화와 주민의 체념에 가까운 피로감을 피부로 느꼈다.

군사 퍼레이드는 북한에서는 축하행사다. 그러나 행사 개시 시각을 사전에 알리는 일은 없다. 과거의 사례에서는 오전에 개최하는 것이 통례였지만 이날은 달랐다.

당일 오전 8시가 지나서 평양의 고려호텔은 축하행사에 출석하려는 사람들로 북적거리고 있었다.

해외에서 온 초대 손님 중에는 한복을 입은 사람도 있었다. 그러나 이 시점에서는 아직 퍼레이드 개시 시간조차 확실하지 않았다.

이날 평양은 우중충한 구름이 온 하늘을 뒤덮고 있어 비가 내리지는 않을까 우려되고 있었다. 호텔 창문 밖에는 행사에 참가하기 위해 모여 있던 학생들이 갑자기 내리는 비 때문에 우왕좌왕하는 모습이 보였다.

왜 시작하지 않는 걸까? 사정을 알리지 않은 채, 시간만 흘러가고 있다. 회장인 김일성광장으로 연결된 도로에는 수많은 군용차량이 줄지어 대기하고 있었다. 오전 10시가 넘어 이번에는 퍼레이드에 동원된 병사들이 탄 차량이 도로를 가득 메웠다. 이쯤에서 드디어 시작 시간이 가까워졌다는 것을 실감할 수 있었다.

내가 주재했을 무렵의 중국에서는 올림픽 개막식이나 국가 지도자의 공식적인 자리가 될 중요행사가 있는 경우, 맑은 하늘을 확보하기 위해 일종의 '화학물질을 살포하는 로켓'을 쏘아 올려 인공적으로 비를 내리게 했다. 그러나 북한의 경우에는 그러한 기술은 국토가 좁아서 사용할 수 없는 것 같다.

정오 0시 30분 —

마침내 해외 언론 약 140명에게 집합하라는 명령이 내려졌다.

버스를 타고 광장 가까이까지 가서 짐 조사를 받았다. 언제나 그랬던 것처럼 휴대전화와 개인 컴퓨터는 가지고 갈 수 없다. 김정은이 참석하는 행사의 경우는 보통 때보다도 검사가 엄중해진다. 이때도 아직 확실한 설명은 없었지만 퍼레이드 개최는 틀림없어 보인다. 추측하건대, 퍼레이드 시작이 늦어진 것은 날씨가 맑아지기를 기다렸기 때문이라고 보인다.

광장에 들어서자, 대형 스크린이 설치되어 있었다. 조선중앙TV의 카메라가 실황 생중계에 대비해 대기하고 있다. 행진발자국 소리를 수록하기 위해 낮은 위치에도 마이크를 설치해 두고 있었다. 김정은이 관람하는 '주석단'이라고 부르는 발코니가 있고, 그 아래의 관람석에는 초대장을 손에 든 사람들이 속속 입장하고 있었다.

김정은 체제 발족 후, 거의 매년마다 개최해 온 대규모 군사 퍼레이드. 현장에 있던 나는 김정은에 대한 개인숭배가 한층 강화된 것을 느꼈다.

성대한 퍼레이드, 경제부담은 주민에게

그리고 당창건 70주년 축하행사가 시작되었다.

이윽고 큰 박수와 환성이 터져 나오고 김정은과 이날의 귀빈인 중국공산당 넘버5인 류윈산劉雲山(당시 정치국상임위원)이 단상에 모습을 드러냈다.

애국가 연주 중에 김정은은 경례를 하였다, 그 후 류윈산과 말을 수고받으며 담소를 나누기도 하였다.

"경애하는 김정은 동지가 연설을 하시겠습니다."

"만세, 만세!!" 지축을 울릴 것 같은 함성이 울려 퍼졌다.

"국가의 근본인 인민보다도 귀중한 존재는 없으며 인민의 이익보다도 신성한 것은 없습니다.

……인민을 사랑하고 인민을 위해 투쟁하며, 인민의 아름다운 꿈과 이상을 실현하고 있습니다. 전 당원 동지에게 호소합니다. 우리 모두 위대한 인민을 위해 멸사복무해 나갑시다! 불패의 당, 조선노동당 하에 일심단결된 위대한 조선인민 만세!"

연설은 25분 정도였다. 연설 중에 김정은은 미국에 대해서 언제라도 전쟁에 응할 것이라고 경고하는 한편, 인민이라는 단어를 90회 남짓 사용하며 '인민사랑'을 강조하였다. 김일성 탄생 100주년(2012년)의 군사 퍼레이드에서 연설할 때와 비교해보면 자신감이 넘치고 청중에게 말을 거는 여유도 생겼다. '지위가 사람을 만든다'는 말이 있다. 북한의 최고지도자다운 행동거지를 김정은도 익힌 것 같다.

옆에 있던 안내원의 목소리가 떨리고 있다.

"멋지다. 지도자가 이렇게 인민을 생각해 주고 계시다니. 연설을 듣고 처음으로 눈물이 나온다."

어느새 아버지 김정일시대는 완전히 과거가 되었고 김정은이 지도자로서 존재감을 높이고 있다고 절절히 느꼈다.

단상 안쪽에는 김여정의 모습도 보이다 안 보이다 하였다. 당시의 직위로는 계단식 단상에 오를 수 없었지만 스케줄 관리라는 그녀의 업무 성격상 가까이서 보좌하고 있었던 것 같다.

광장으로 시선을 돌려보겠다.

병사들은 일사불란하게 대열을 지으며 사열한다. 진지한 표정을 지으며 필사적으로 사열하는 소녀의 모습에 넋을 잃었다. 이 행사를 위해 3개월 이상이나 연습해 왔다고 들었다.

이윽고 무기의 등장이다.

핵개발을 간접적으로 보여주는 부대와 탄도미사일이 차례차례로 공개된다. 거의 일본 전역을 사정권 내에 둔 중거리미사일 '노동', 사거리

3000킬로미터 이상이라는 중거리탄도미사일 '무수단^{舞水端}'. 이어서 등장
한 장거리탄도미사일 'KN-08'은 앞 끝이 둥글게 개량되어 있었다. 가까
이에서 본 미사일, 이것들이 실제로 발사되는 진짜 미사일이구나! 라고
생각하니 역시 큰 위협이 느껴졌다.

◀ 장거리 탄도미사일 'KN-08' (2015년 10월)

무기 다음은 군중 행렬이다.

평양 주변의 주민 10만 명이 조화를 흔들면서 열광적으로 만세를 외치
며 지나간다. 큰 함성과 행진으로 땅이 흔들릴 정도. 발코니에서는 김
정은이 관중을 향해 손을 흔든다. 옆에 있는 류원산의 손을 잡으면서 환
성에 응하는 장면도 있었다.

행사는 2시간 반 남짓 지속되었다.

끝남과 동시에 군인과 주민들은 재빨리 이동하기 시작했다. 그중에는 피
곤한 모습으로 그 자리에 주저앉아 버린 사람도 있었다. 시작 시간이 지연
된 것도 있고 아침부터 몇 시간씩이나 기다려야 했을 것이다. 어느 얼굴이
나 모두 피로가 배어있었다. 거기에는 2013년 당시와 같은 해방감이나 북
한의 변화에 대한 기대감은 이미 없었다.

행사뿐만 아니다. 당대회 직전까지 '70일 전투'라는 증산 캠페인이 전

개되어 야근과 건설현장에서 노동봉사 등 국민총동원이 계속되어 왔다. 주민을 가능한 한 피곤하게 만들어 생각할 여유를 주지 않는다. 그것도 북한 방식 통치방법의 하나가 아닐까 생각한다.

퍼레이드에 참가했던 사람들에게 물어보았다.

◀ 군사 퍼레이드에서 대열을 지은 여성 병사들 (2015년 10월)

"행사에 참가해서 경애하는 김정은 원수를 받들어 모시고, 우리당과 사회주의 조국이 최고이며 언제나 필승불패라는 것을 더욱 이해하였습니다. 위대한 김일성 조선, 김정일 민족의 국민이라는 영애와 긍지를 가슴 깊이 느꼈습니다."(여성)

지방에서 행사에 참가하러 온 사람도 있었다.

"자강도에서 왔습니다. 조선노동당 건설의 축하대표로 왔습니다. 기차로 상경해 버스를 타고 12시간 걸려서 행사에 참가하였습니다."(여성)

다른 남성은…….

"10월의 대축제장으로 경애하는 김정은 원수님에게 충성을 보이려고 지방에서 왔습니다. 풍천 탄광에서 왔습니다."

가슴에 훈장이 빛나고 있었다.

"국가훈장 2급과 3급입니다. 석탄생산을 늘려서 훈장을 받았습니다."

한복을 입은 젊은 여성도 있다.

"행사를 통해 원수님을 잘 모시고 청년 대학생의 본분을 보여주려고 합니다. (어느 대학?) 체육대학 학생입니다. (스포츠는 무엇을?) 농구입니다."

모두가 대부분 규범적인 답변이었다. 행사에 참가하는 것은 명예스러운 일이고 직장과 학교에서 선발된 사람들이었다. 충성심도 높다. 비판적인 말을 할 리가 없다.

퍼레이드가 끝나자, 다음 행사에 대비해 곧바로 광장 청소가 시작되었다. 광장의 바닥을 보니 부대 배치를 표시한 하얀 석회가루 흔적이 곳곳에 남아 있었다.

덧붙여서 말하면, 이번 행사와 관련해서 한국의 각 분야 전문가들로 구성된 싱크탱크는 건설, 무기준비, 주민동원, 해외대표단 초청 등으로 1조 1000억~2조 2000억 원이 사용되었다고 추산하였다. 북한의 연간 예산 ⅓에 해당하는 액수라고 한다.

실제로 돈을 내는 사람은 누구인가?

그것은 북한 내외의 각 기관이다. 특히 재외공관과 당·군 산하의 무역회사 등 해외에 있는 기관에 '충성자금'이라는 많은 액수의 할당량이 부과되고 있다고 한다. 주민에게도 모금 등의 형태로 자금을 갹출한다고 한다. 국가의 큰 경사라고는 하지만 행사 준비에 많은 시간을 늘이고 금전 할당까지 강요하는 것은 큰 부담이다, 화려한 행사 뒤에 힘든 쪽은 최고지도자와 간부들만이 아니라 역시 주민들이다.

6. 국가적 역량을 총동원한 스키장과 특급호텔

슬로건이 된 스키장

평양에서 자동차로 3시간 정도의 거리에 있는 동해의 도시 원산. 하얀 백사장이 4킬로미터 이상 이어지고 바다는 맑고 푸르다.

북한은 2013년, 이 주변을 리조트 지구로 지정하고 김정은의 지시 아래 백사장과 스키장 등 관광시설 정비가 급속도로 진행되었다. 여기에서도 역시 그 목적은 외국인 손님을 불러들여 외화를 획득하는 것이 틀림없다.

김정은은 유소년기에 스위스에 유학해 스키도 즐겼던 것 같다. 그런 추억에서 스키장 건설에 예사롭지 않은 의욕을 보였을지도 모른다.

그런 김정은이 애착을 많이 가진 것이 원산에서 자동차로 30분 거리에 있는 '마식령 스키장'이다. 원산은 평양과 고속도로로 연결되고 항구와 공항도 있다. 좋은 입지조건도 관광지구로 선택된 하나의 이유일 것이다.

같은 해 5월 27일, 북한 언론은 김정은이 스키장 건설현장을 시찰했다고 보도하였다.

마식령 스키장 건설은 경제와 문화·스포츠로 대국을 지향하는 국가건설의 상징사업이 되었다. 대지면적은 수십만 평방미터에 이른다. 건설현장에는 군인이 대량 투입되었다. 수십만 평방미터를 개간하여 폭 40~120미터 코스로 이루어진 스키장 건설이 진행되었다.

겔렌데^{광대하고 기복이 많은 스키 연습장} 예정지에는 '불타는 소원'이라는 슬로건을 내걸고 동원된 군인들 약 1만 명이 곡괭이와 삽 등을 사용한 전통적인 방법으로 작업을 했다. 보통이라면 10년 걸릴 공사를 1년에 달성했다고 한다.

"'마식령 속도'를 창조해 사회주의 모든 분야의 새로운 전성기를 열어가자."

2013년 여름, 북한에서 '마식령 속도'라는 슬로건을 내걸고 새로운 경제건설 캠페인이 전개되었다. 김정은도 호소문을 발표하고 마식령 스키장을 본받아 경제건설에서 큰 비약, 대혁신을 일으키자고 호소하였다.

조선중앙통신이 12월 31일 완공을 보도할 때에는 김정은이 시찰한 겔렌데와 호텔 등의 시설을 둘러본 사진과 리프트에 탄 사진이 공개되었다. 일반주민을 위한 스키장은 국내 최초라고 한다. 북한 지도부는 근대적인 국가만들기의 상징으로서 대대적으로 선전하였다. 외국인 여행객을 불러들일 관광자원으로서도 기대가 고조되었다.

◀ 세계수준을 자랑하는 마식령 스키장 리프트 (2014년 9월)

이듬해 2014년 1월 16일의 조선중앙통신은 중국의 류훙차이劉洪才 북한주재 대사를 비롯해, 평양에 주둔하는 외교관과 그 가족들이 마식령 스키장을 방문한 것을 보도했다. 외교단을 초대해서 환경과 설비, 안전성을 선전하려고 한 것 같다. 또 이틀 전에는 일본의 안토니오 이노키[2] 참의원도 방문하였다.

나는 개장 9개월 후에 마식령 스키장을 취재했다.

마을에서 떨어진 산골짜기에 난데없이 광대한 스키장 리조트가 모습을

---

2   전 일본 프로레슬러. (1943년~) 전 참의원 의원을 지낸 실업가.

드러냈다. 표고 약 760미터, 초급에서 상급까지 수준별로 10개 코스가 있고 총 활주거리는 110킬로미터에 이른다. 북한이 자랑하는 세계 수준의 스키장이다.

5대 있는 리프트는 여름철에는 1대만 운행한다. 산 정상에 있는 전망대에서 풍경을 즐길 수 있다.

스키장의 작업원은…….

"(작동하고 있는) 리프트는 중국제입니다. 다른 리프트는 스위스제, 맞은편에 있는 것도 스위스제. 리프트는 전부 다섯 대 있습니다."

실제로 김정은이 탄 리프트는 스위스제다.

스위스의 유력 일간지인 노이에 취르허 차이퉁Neue Zurcher Zeitung(2013년 8월 19일자)에 의하면, 북한은 스키장의 리프트와 곤돌라를 약 700만 스위스 프랑(약 70억 4000만 원)에 판매하도록 스위스 기업에 요청하여 계약이 거의 성립되었다. 그러나 스위스 정부가 유엔 안보리이사회의 대북한 제재에 따라 '호화로운 스포츠 시설'에 관계하는 물품을 새로 수출금지 대상에 포함시켰다. 이에 동반하여 스키장의 리프트 등은 금지대상에 해당한다고 판단되어 수출이 취소되었다고 한다.

그러나 어찌된 일까? 마식령 스키장에는 스위스제 리프트가 설치되었고, 스웨덴제의 인공강설기도 수십 대 놓여있었다. 그 이유는 지금도 해명되지 않았다. 중국 등 제3국을 경유해 운반된 것이 아닐까 생각한다.

무엇보다도 위화감을 느끼게 하는 것은 식량난에 허덕이는 북한에서 도대체 누가 스키를 즐길 것인가 하는 점이다.

관광객 유치는 잘 되지 않았고, 2014년 9월에 내가 방문했을 때는 텅 비어 있었다. 겨우 원산에서 평양을 향하는 도중의 휴게소로 이용하는 손님이 몇 명 있을 정도였다. 비수기를 감안해도 꽤 안타까운 상태였다.

영국에서 관광하러 왔다는 남성은 이렇게 말했다.

"북한에 이런 멋진 스키장이 있다니 놀라워요. 스키하러 와도 좋을 것 같아요. 그런데 유럽에서 오긴 좀 멀군요."

원래 북한에서 스키는 일반에게는 보급되어 있지 않다. 유럽에서 일부러 이곳까지 스키를 타러 올 필요도 없다. 수요와 공급이 전혀 일치하지 않기 때문에 보물을 가지고도 썩히고 있는 꼴이다.

일부에서는 한국 평창에서 2018년에 동계올림픽이 개최되기 때문에 마식령 스키장을 이용해서 남북공동개최를 노린 것이라고 보는 견해도 있었다. 북한은 1988년 서울올림픽에 대항해 1989년에 사회주의권의 청년들이 모이는 제13회 세계청년학생축전을 평양에서 열었다. 체면을 지키기 위한 축전이었지만, 결국 북한의 경제파탄을 굳힌 결과가 되었다.

보기에는 특급호텔, 그러나……

보기에는 더할 나위 없이 좋아 보이지만 도대체 누가 이용할까?

북한에는 이런 한적한 곳에 호화 리조트가 몇 군데 있다. 돈 낭비라고밖에 표현할 수 없을 정도다.

그 하나는 마식령 스키장에 인접한 고급호텔이다.

적갈색의 거대한 코티지풍의 건물이 마식령 호텔이다. 나뭇결을 강조한 객실에는 액정TV가 완비되어있고 인터넷도 이용할 수 있다. 북한의 경우, 객실에서 인터넷을 사용할 수 있는 곳이 드물다. TV는 북한 TV국 두 군데 이외에 일본 등 해외 TV도 시청할 수 있도록 되어 있다.

일상용품에는 스키장의 로고마크가 새겨져 있었다. 꽤 멋지다. 손님의 절반은 중국과 러시아 등의 외국인이라고 한다. 수영장, 사우나, 당구, 미용실, 노래방도 완비되어 있다.

미용실에는 12종류의 머리모양 견본이 내걸려 있었다. 그 중의 절반은 짧은 머리모양이다. 아마도 리설주 패션의 영향일 것 같다. 이런 장소에서 머리모양을 흉내내는 사람이 과연 있을까? 라는 생각이 들지만, 퍼스트레이디의 영향력이 큰 것을 느낄 수 있어 흥미로웠다.

호텔은 두 개 동으로 구성되어 객실은 총 120실이다. 싱글 룸의 숙박비는 외국인은 1박에 100달러 정도. 커피숍의 냉장고에는 일본맥주가 준비되어 있었다. 주니어 스위트[3] 객실에 들어가면 샹들리에가 장식된 거실이 있고 그 안쪽에는 더블침대가 놓여있다. 이 타입의 객실은 2등실로 1박에 170달러(한화 약 20만 원)이다. 제일 비싼 방은 1박에 262달러(한화 약 30만 원)가 설정되어 있다.

'북한에 이런 멋진 방이 있다니 놀랍다'라는 말이 들려올 것만 같은 특급호텔이다. 덧붙여 말하면 안토니오 이노키도 마식령 스키장을 시찰할 때 이 호텔에 머물렀다.

보기에는 언뜻 화려하지만 실제로는 어떨까?

◀ 마식령 스키장에 인접한 호텔의 로비 (2014년 9월)

숙박자에게 물어보니 TV가 켜지지 않았다든지, 수도꼭지를 틀면 갈색

---

3 큰 객실에 응접실과 침실 및 가구가 구비되어 있으며 칸막이로 구분되어 있다.

물이 좀처럼 그치지 않았다고 한다. '마식령'에 연관된 토산품도 없고 레스토랑의 메뉴는 카레라이스 같은 '기본메뉴' 뿐 원산이 자랑하는 해산물은 없었다.

'겉은 훌륭하지만 인프라는 따라가지 못하는…….'

서비스는 아직도 발전도상국 느낌이라는 것이 실제 상황이다.

마식령에서 2014년 5월 24일, 관광버스가 계곡으로 굴러 떨어져 타고 있던 중학생 약 50명 전원이 사망했다고 같은 해 7월 29일자로 한국의 동아일보가 보도하였다. 학생들은 평양의 명문, 평양 제1중학교 3학년생으로 고위급 간부의 자녀가 다수 포함되어 있었다. 강원도 원산 송도원국제소년단야영소에서 야영을 하기 위해 이동하다가 이 같은 참변을 당했다.

오락시설보다는 도로 등의 기초적인 인프라를 정비하지 않는 한 관광입국으로의 여정은 멀다.

7. 북한은 어떻게 외화벌이를 할까

'다무라 료코'가 그려진 그림

북한의 경우, 예술은 돈벌이 수단이다. 예술적 감성을 겨루거나 기술을 연마해도 그 성과는 결국 외화벌이에 이용된다. 그 예술로 자금을 얻는 집단이 있다.

만수대창작사, 1959년에 설립된 북한 미술 분야 최고의 집단창작 단체다. 북한노동당의 직속기관으로 70년대 중반부터 김정일의 지시에 의해 회화, 동상, 조각, 벽화 등 다양한 분야에서 창작활동을 하고 있다. 약 3700명의 예술가가 일하고 있다.

북한의 영상 중에 김일성·김정일의 거대 동상을 많이 보았을 것이다. 이

것을 직접 만든 곳도 이 만수대창작사다. 그 외에도 평양의 개선문, 주체사상탑, 평양역의 벽화 등 북한의 심볼이 되는 건축물을 많이 만들고 있다.

해외 부문도 있다. 해외에서 예술작품을 제작·판매하기도 하고 전람회 개최도 한다.

베이징에 두 개의 지부가 있는 것을 알아내 그곳에 잠입해 보았다.

중국 최대 예술특화지구인 798예술구역[4]. 그곳에 2층 철조 건물의 벽면을 벽돌로 둘러친 건물이 있다. 입구에는 북한을 상징하는 '천리마' 마크와 함께 '조선만수대창작사미술관'이라고 새긴 간판이 보인다. 건물 옆에는 한쪽 앞발을 들고 위협하는 호랑이 동상, 그 옆에 우뚝 치솟은 높이 10미터 정도의 탑 정상에는 '천리마' 동상이 우뚝 솟아 있다.

만수대창작사가 베이징에 만든 미술관이다.

관내에 들어가면 북한 잡지와 우표 등을 판매하는 진열장이 있고 그 위에는 '조중우호만세'라고 적힌 정치문구가 걸려 있다.

그 안의 공간에는 북한의 회화가 진열되어 있었다. 공장에서 일하는 노동자, 승마하는 사람들, 편안히 쉬는 아이들, 풍경, 동물, 스포츠 경기에서 승리한 장면 등 유화와 수묵화 등의 작품이 20점 정도. 대개가 대형 회화 작품이고, 가격은 한 장당 중국인민 위안으로 수만 위안(한화로 수백 만 원)이나 하는 고가다. 정말로 그만한 가치가 있는 것일까? 문외한의 눈으로는 전혀 가늠할 수 없었다. 생각한 것보다 북한 특유의 선전은 없고 중국의 그림이라고 말해도 쉽게 구별할 수 없을 것 같다.

다른 방 하나에는 대형회화 전시공간의 절반 정도의 공간에 소형에서 중형의 회화 이외에 인형과 항아리, 잡지 등이 놓여 있었다. 높이 1~2미터의 동상도 몇 점 전시되어 있었다.

관내에는 한복 차림의 젊은 북한 여성이 7명 정도 있었다. 그녀들은 모

---

4   베이징 다산쯔(大山子)에 있는 중국을 대표하는 최초의 예술특화지구이다.

두 무언가를 감시하고 있는 듯이 눈을 번뜩이고 있었다. 사진을 찍으려고 하면 "찍지 마세요"라고 주의를 주었다.

그 곳에서 남쪽으로 수십 킬로미터 떨어진 장소에 베이징 유수의 예술 추진지구가 있다. 거기에도 '만수대화랑'이라는 점포가 있다.

종업원에 의하면 전시되어 있는 회화는 200점 정도이고 창고에도 수백 점이 있다고 한다.

화랑 안쪽 가장 눈에 띠는 장소에 놓여 있는 작품을 보고 깜짝 놀라 그만 나도 모르게 소리를 지르고 말았다.

전시된 그림은 눈물을 흘리며 무릎을 끊고 있는 다무라 료코였다. 96년 애틀란타 올림픽 여자 유도 48kg급에서 북한의 계순희에게 패하는 장면이다. 다무라 료코 뒤에서 계순희가 승리의 자세를 취하고 있다. '체육강국 북한'을 과시하는 배치였다. 가격은 2만 위안(한화 약 300만 원)이었다.

북한에서는 애국심을 불러일으키는 소재일지도 모르지만 중국에서 이 그림이 의미하는 것을 이해하고, 게다가 구입하려는 사람이 있을까.

중국에서는 풍경화와 인물화 등 북한의 선전색이 옅은 것이 있으면 '회화'로서 일정부분 수요는 있는 것 같다. 만수대창작사는 북한이 자랑하는 예술가 집단이므로 예술적 가치는 어찌 되었든 창작 기술은 높다고 할 수 있다.

동상 비즈니스

이전에 북한의 외화 획득은 중동과 아프리카에 무기와 미사일 수출이 중심이었지만, 2006년 이후는 유엔 안보리제재가 강화되어 금지되었다. 그래서 북한은 회화 등의 미술품 판매 외에 청동기 제작이라는 예술 비즈니스에 의한 외화벌이 강화에 나섰다. 그 중에 동상은 고액에 거래가 가능해 북한에게는 절호의 비즈니스가 되어 있었다.

조선중앙TV에서도 때마침 "경애하는 김정은 동지가 만수대창작사를 지도하시었다"라고 하며 최고지도자가 이 조직에 지렛대 역할을 하고 있는 모습을 보도하고 있었다.

후지TV는 아프리카 사업의 일부분을 밝히는 영상을 입수하였다.

2015년 여름, 장소는 아프리카 남서부의 인구 약 230만 명의 작은 나라인 나미비아의 수도 빈트후크에는 손을 높이 든 자세를 취한 동상이 세워져있다. 평양에 있는 김일성과 김정일 동상과 쏙 빼닮았다. 나미비아 미술관에 있는 회화도 북한에서 볼 수 있는 작품의 특징과 일치한다. 조사해보니 동상과 회화는 역시 만수대창작사의 작품이었다.

북한과 아프리카는 상당히 떨어져 있다. 아프리카 여러 나라는 왜 굳이 북한에 주문하는 것일까……. 거대동상을 만드는 기술을 가진 나라는 한정되어 있다. 그 중에서도 북한은 높은 기술력에 비교적 가격이 저렴하다. 유럽의 공방 등과 비교하면 ⅔ 이하에 주문할 수 있는 것이 그 이유다. 짐바브웨의 장기 집권자인 로버트 무가베 대통령의 동상은 두 개에 500만 달러(한화 약 56억 원)였다고 한다.

북한은 그 외에도 세네갈, 토고, 콩고 등 아프리카 각지에서 독립영웅이나 초대 대통령 등의 동상을 만들고 있다.

나미비아에 또 다른 신경 쓰이는 영상이 있었다. 별로 특별한 것도 없어 보이는 건설현장 작업 화면이다. 잘 보면 아시아인처럼 보이는 노동자들의 모습이 보인다. 실제로 이 노동자들은 북한에서 온 사람들이다. 북한에서 나미비아에 노동자를 파견하는 것은 유엔도 파악하지 못하고 있다.

다른 장면에는 체격이 좋은 북한 노동자가 작업하는 모습과 현지의 노동자들과 담소를 나누는 모습이 찍혀 있었다. 작업 중에 휴대전화를 자유롭게 사용하는 모습도 찍혀 있었다. 작업현장 주변에 내걸린 간판에는

'위대한 김정은 동지를 수반으로 하는 당중앙위원회를 목숨을 바쳐 사수하자'라고 적혀 있었다.

이 밖에 외화벌이의 주력이 되고 있는 것은 북한식당이다. 내가 주재하고 있을 때 베이징에만 20여 군데나 있었다.

나는 이곳을 다니며 종업원 여성들과 친하게 지내면서 그녀들의 본심을 알아내려고 애썼다.

급여는 모두 가로채 갔고, 한밤중까지 노래와 악기연습을 시켰다. 그리고 감시를 당하며 집단생활을 했다. 그런 고뇌에 찌든 생활을 어떻게 견딜 수 있을까 이해가 가지 않았다. 그래도 그녀들은 북한에서 벗어나 타국의 공기를 마시며, 타국 생활을 즐기는 것이기도 하였다. 북한에 비하면 아직 자유가 있을지도 모른다.

노동자 파견과 동상 제작은 표면상 유엔 제재 위반에는 해당되지 않지만, 거기에서 얻은 이익의 대부분은 북한 당국에 상납되어 핵과 미사일 개발에 사용되어 왔다. 유엔은 2017년에 들어 제재강화의 일환으로서 거대동상 수출과 북한의 회화벌이 노동자 취업금지를 단행하였다.

중동과 중국 등지에서 외화벌이 노동자의 신규고용과 비자갱신을 할 수 없게 되자, 북한으로의 귀국이 이어지고 있다. 북한은 5만 명 이상의 노동자를 해외에 파견해 연간 12~23억 달러의 외화를 벌어들여 왔다. 북한에 큰 타격이 될 것은 틀림없다. 그렇다고는 하지만 제재는 허점투성이다. 나는 그저 '두더지 두드리기'처럼 느껴진다.

3장 평양의 알려지지 않는 일상

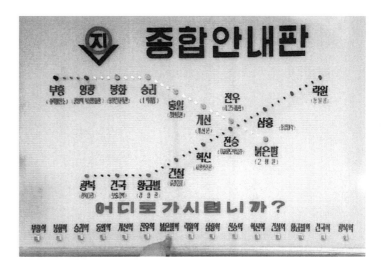

부흥역에 내걸린 지하철 노선도

1. 북한식 스마트폰

스마트폰으로 사진 보내기 유행

북한 주민들은 특수한 공간 속에서 별난 인격을 가지고 특별히 다른 생활을 하고 있을까?

이 물음에는 정답도 있지만 그렇지 않은 것도 있다. 그들의 세계에 들어가 보고 내가 느낀 것은 '일본과 크게 다르지 않다'는 점이다.

한국의 보도에 의하면, 서류상은 국영기업이지만 실제는 일본에서 말하는 '민간기업' 같은 곳이 늘어났다고 한다. 2012년에 경제관리법이 신설되어 개인의 창업도 늘었고 스마트폰 앱을 판매하는 회사나 인터넷 쇼핑몰에 상품을 제공하는 소규모 민간회사도 생겨났다고 한다.

내가 김일성화·김정일화의 전시관에 들어갔을 때의 일이다.

김일성화·김정일화는 두 지도자를 상징하는 꽃으로서 북한에서는 누구나가 다 아는 특별한 식물이다. 김일성화는 난과의 일종으로 인도네시아의 식물원에서 발견되었다. 수카르노 대통령이 비동맹 여러나라 회의에서 인도네시아를 방문한 김일성에게 "김일성 동지의 존함을 올리겠다"라고 하며 이름을 따서 바쳤다. 한편 김정일화는 베고니아과의 일종으로 일본 시즈오카^{靜岡}의 원예가가 김정일을 위해 품종개량을 하여 탄생시킨 꽃이라고 한다. 북한에서는 기념일마다 김일성화·김정일화의 전시회가 개최되는 것이 연례행사다.

특설전시관 안에는 김일성, 김정일의 초상화 주변에 큰 화단이 꾸며져 있었다. '하나, 둘, 셋'

전시장 앞에서 기념촬영을 하는 나들이 가족, 미니스커트를 입고 포즈를 취하는 여성병사들, 스마트폰과 태블릿PC를 사용해 촬영하고 있는 사람도 흔하다. 관내에는 정부와 당, 군 등의 기관이 칸막이 전시장을 열고 각각 재배한 김일성화·김정일화를 전시하고 작품의 완성도를 서로 평가한다. 가족들에서 군인까지 많은 사람으로 붐비고 있었다.

어느 판매대를 보니 '급 사진봉사 3초'라는 글자가 적혀 있었다. 여러 사진관이 출장소를 열고 즉석 기념사진 촬영 업무를 하고 있었다. 2초, 3초, 4초 등이라고 가게마다 미묘하게 속도를 달리하여 차이를 두고 있는 것 같다.

> 손님: 어, 이쪽이 어떨까?
> 가게: 여기도 잘 나옵니다.
> 손님: 그래요, 너무 크지 않은 편이.
> 가게: 한 장에 5000원입니다. 네 분이세요?
> 손님: 네.
> 가게: 계산 부탁합니다.
> 손님: 2만 원?
> 가게: 2만 원입니다.

촬영은 프로 카메라맨이 담당한다.

> 가게: 뒤쪽이 아니라 좀 더 앞으로, 빨간색 옷을 입으신 분. 이쪽으로. 그러면……, 하나, 둘

촬영 후 완성된 사진을 확인하고 끝이다. 완성된 사진은 즉석에서 바로 받을 수 있다. 사진크기에 따라 5000~2만 북한 원(한화 약 6250~2만 5000원)

이다. 제일 싼 것도 북한의 평균 월수입 3000원(한화 약 3750원)의 2배 가까운 가격임에도 불구하고 인기를 모으고 있었다. 기념일에 프로 카메라맨에게 사진을 찍고 인화해 가질 수 있다는 것은 역시 특별한 애착이 생길 것 같다.

◀ 김일성화 앞에서 사진 촬영하는 사람들

예전에는 북한취재 때 폴라로이드 카메라를 가지고 가서 즉석에서 촬영한 사진을 주면 환영받을 거라는 말을 들었다. 지금도 북한 주민이 사진을 좋아하는 것은 변함이 없는 것 같다.

김정은의 스마트폰은 타이완 제품

전시장에서 꽃과 나란히 돋보이는 것은 잠수함발사 탄도미사일 '북극성'과 북한이 인공위성 운반로켓이라고 칭하는 '은하3호' 등의 모형이었다.

북한은 로켓이라고 말하지만, 기술적으로는 탄도미사일 발사와 마찬가지이고 일본 언론 등은 '사실상 탄도미사일'이라고 표현해 왔다. 처음부터 북한측은 미사일 발사를 공개하지 않고 어디까지나 인공위성 발사라고 주장하고 있었다. 2015년 10월 시점에서는 북한이 발사한 것은 은하 3호가 최신이었지만, 회장에는 보다 대형화된 '은하9호'의 모형이 전시되어 있었다.

'앞으로도 인공위성을 계속 쏘아 올릴 것이다'라는 메시지일 것이다. 한편, '북극성' 미사일은 잠수함에 싣고 어디든지 갈 수 있어 언제 어디서 쏠지 알 수 없다. 전쟁이 나면 미국 본토까지 출격가능하다. 그렇기 때문에 위협적인 무기다. 변함없이 북한은 그 후에도 미사일 개발을 가속화하여 2016년에는 중거리탄도미사일 무수단, 2017년에는 중거리화성12형, ICBM급 화성14형과 15형 발사를 연이어 성공했다.

이와 관련하여 꽃을 보러 온 사람들은…….

"마음이 깨끗해지고 멋집니다."

미사일과 인공위성 발사기술을 어떻게 생각하고 있는 것일까…….

"우리들이 세계에 자랑할 만한 것입니다. 미군과 제국주의자들은 이미 앞서 있지만, 조금씩 거리가 좁혀지고 있습니다. 놈들이 총과 무기로 우리들을 해치려고 하지만, 우리들은 위성을 쏘아 올릴 힘을 가지고 있다는 것을 여봐란 듯이 보여주었습니다. 전세계에 조선민족의 긍지를 보여줬다고 생각합니다."

그러나 방문자 대부분은 정치적인 전시에는 그다지 관심이 없었다.

전시장에서는 사람들이 태블릿PC와 스마트폰으로 사진을 촬영하는 모습을 자주 보았다. 손가락으로 가리키면서 친구에게 위치를 지시하고 스마트폰을 이용해 촬영하는 여성은 촬영한 사진을 그 자리에서 보고 즐거운 듯 대화를 하고 있었다.

2017년까지 휴대전화 가입자는 377만 명이 넘어 인구의 15%에 도달했다고 한다. 거리에서 휴대전화를 손에 들고 있는 모습은 흔하다. 스마트폰이나 태블릿PC도 급속히 보급되어 휴대폰으로 사진보내기도 일상생활의 일부가 되었다. 페이스북과 인스타그램 등의 서비스는 아직 없지만 스마트폰에 저장한 사진을 서로 보여주며 즐거워하는 모습은 우리와 크게 다르지 않다.

물론 스마트폰, 태블릿PC는 북한제품이다. 2013년에 처음 북한제품 스마트폰 '아리랑'이 발매되었다.

가격은 외국인이 구매하는 경우, 대략 450달러다. 서민은 살 엄두가 나지 않는 가격이다. 한편, 태블릿PC는 '삼지연' 등으로 이름 붙여 크기에 따라 200달러 전후로 판매되고 있었다.

여기에서 궁금한 점이 있다.

북한의 젊은 지도자는 자국의 스마트폰을 사용하고 있을까…….

2013년의 사진을 보면, 김정은은 서류 옆에 스마트폰을 놓고 있었다. 한국 통일부의 분석으로는 '타이완의 스마트폰 제조업체 HTC宏達國際電子 제품'인 것 같다. 그 후 국산 스마트폰으로 교체했는지는 알 수 없다. 최고지도자의 사생활에 관계되는 사항은 북한에서는 최고비밀이기도 하고 현시점에서는 확인할 수 없다.

북한에서는 일반적으로 외국 인터넷 사이트에 자유로이 접속할 수 없다. 그러나 김정은과 일부 특권계급, 연구기관, 정보기술관계자 등은 예외인 것 같다.

최고지도자는 어쨌든 유행을 좇는 서민의 실정은 일본과 다르지 않다. 인터넷 이용이 엄격히 제한되어 있는 북한이지만, 스마트폰과 태블릿PC라는 IT기술이 서민생활에 얼마만큼 영향을 미칠까? 외부에서의 정보유입과 확산을 가능하게 하는 기기만큼은 눈을 뗄 수 없다.

2. 평양의 지하철

방공호를 겸한 역

평양을 방문할 때마다 몇 번이나 끌려간 곳이 지하철이다. 아마 북한에는 몇 개 없는 세계 표준의 인프라다. 예나 지금이나 북한이 외국인에게 과시하고 싶은 단골 장소가 되어 왔다.

지하철 부흥역의 승강장을 살펴보겠다.

◀ 혼잡한 부흥역 구내

차례로 개찰구를 빠져 나오는 사람들. 대부분의 사람이 요금카드를 사용하고 있었다. 전자개찰구 옆에는 회수권을 이용하는 고객용 유인 개찰도 있다. 운임은 북한 통화로 5원(한화 약 6원).

자동개찰은 몇 년 전부터 도입되어 현재는 회수권과 요금카드 양쪽 모두 사용가능하다. 북한에서 최근 '나래카드'라고 하는 카드결제시스템이 도입되었다. 외화현금을 호텔과 상점 등의 창구에서 충전해 이용하는 시스템으로, 택시와 음식점 등에서 지불할 때 카드를 사용하는 사람이 증가하고 있다고 한다.

부흥역. 개찰구를 빠져 나가면 곧바로 에스컬레이터가 있는데 상행과

하행, 어느 쪽에도 사람이 많이 타고 있다.

길이가 긴 에스컬레이터. 평양의 지하철은 지하 100미터에 만들어져 핵셸터[1]와 방공호를 겸하고 있다.

홈 양쪽에는 연두색과 붉은색의 두 가지 색을 칠한 4량 편성의 열차가 도착했다. 안내원이라고 불리는 여성 역무원이 빨간색 동그라미가 그려진 신호봉을 올리자 열차가 움직이기 시작했다. 발차 벨은 없고 수동으로 운행하고 있다.

샹들리에와 김일성 등을 그린 거대한 모자이크 벽화가 장식된 호화로운 홈이다. 곳곳에 노동신문을 볼 수 있는 게시판이 세워져 있어 이동하는 짬짬이 신문을 들여다보는 사람들이 있었다. 역내 방송국도 있고 홈과 지하철 차내에서는 음악도 흘러나오고 있었다. 승객도 많아 평양시민의 발로 활용되고 있다.

"평양 시내를 왕래하기에 편리합니다. 친척집에 갈 때라든가 그럴 때 탑니다. 지하이기 때문에 시원하고,"

"자주 타요. 요금카드는 1000원(한화로 약 1250원), 그래도 200번 탈수 있어요."

"통근할 때 매일 탑니다. 직장에서 차비와 생활비를 지불해 줍니다."

승객에게 말을 걸어보았더니 이런 대답을 해주었다. 어린이부터 노인까지 다양한 사람이 이용하고 있다. 교외에 다녀오는 중인지 배낭을 등에 멘 사람도 많고, 그중에는 초상휘장(뱃지)을 달지 않은 사람도 있었다.

지하철에서 내릴 때는 문을 손으로 열도록 되어 있다.

차량 안은 나무결무늬 벽지로 통일되어 있고 의자는 가죽으로 씌워져 있다. 일본의 옛날 열차 같아서 왠지 모르게 향수에 젖게 한다.

머리장식과 목걸이, 각자 개성 있는 복장으로 멋을 낸 여성들이 좌석에

---

1   핵 공격 시에 폭풍이나 방사선으로부터 주민을 보호하기 위한 구조물.

앉아 즐거운 듯 대화의 꽃을 피우고 있다.

진지한 표정으로 안전을 확인하는 역무원 여성은 24세라고 한다. 모자를 쓰고 검은색 스탠드칼라의 정장, 팔에는 안내원 완장을 차고 있다. 그리고 하얀색 양말에 뒷굽이 있는 구두를 신고 있다. 이것이 제복인 것 같다. 말을 걸어보았다.

◀ 구내에서 안전을 확인하는 여성 역무원

"지하철은 몇 시부터 몇 시까지 운행합니까?"

"아침 6시 반부터 밤 9시 반까지입니다. (운행 빈도는?) 3분에 1대, 5분에 1대입니다."

아무래도 시각표가 없는 것 같다.

"일한 지 얼마나 됐나요?"

"6년이 됩니다. 최고사령관 동지의 배려로 평양지하철 업무를 하게 되어 추위와 더위도 모르고 일합니다. 행복합니다. 업무에 긍지와 자부심을 가지고 있습니다."

"여기에서 일하려면 어떤 자격이 필요합니까?"

"철도대학을 졸업해야 합니다."

아직 20대 초반의 여성 직원들과 대화를 나누어 보고 느낀 점은 그녀들이 자신의 직업에 긍지를 가지고 있다는 것. 체제에 충실하고 근면하며 자부심이 강한 북한 주민들. 지하철은 그들의 자존심을 지탱하는 상징이라고 말할 수 있을 것이다.

신형 차량에 타 보았다

평양지하철은 1973년 9월에 개통했다. 국제사회에서 남북이 우위를 경쟁하던 중 한국보다 1년 빨리 개통하였다. 북한에게는 자랑스러운 인프라다. 그러나 차량은 동독 베를린 지하철에게 물려받은 것을 현재도 사용하고 있기 때문에 노후화가 진행되어 있었다.

"경애하는 김정은 동지를 모시고 지하철 신형 차량의 시운전을 했습니다……."

2015년 11월에 북한 언론은 김정은이 지하철의 신형 차량에 시승한 것을 보도하였다.

개선역에서 신형 차량에 승차한 김정은. 신형 차량은 4량 편성으로 회색 차체에 빨간색 라인을 넣은 현대적인 디자인이다.

차내에는 빨간색 의자에 회색과 빨강, 두 가지 색상의 손잡이가 있고 액정TV도 설치되어 있다.

김정은은 몇 구간을 왕복하면서 승차감을 확인했다. 안전하고 신뢰할 수 있어 인민의 교통수단으로 적절하다고 칭찬하고 개발자들의 노고를 치하하였다.

"국산 차량의 시운전 성공을 통해 '수입병'이라는 단어 자체를 없애야 한다는 것을 실증했습니다. 대단합니다."

김정은은 이렇게 몇 번씩이나 말하며 만족스런 마음을 전하고 국산 기술을 중시하는 자세를 강조하였다. 이로써 본격적인 운행을 허락한 것이다. 앞으로 서서히 신형 차량으로 교체되어 갈 것이다.

◀ 지하철 신형 차량의 내부모습

평양지하철에는 두 개의 노선이 있다. 천리마선과 혁신선이다. 내가 취재한 노선은 천리마선의 부흥역과 영광역 사이였다. 물론 외국인은 북한 주민처럼 자유롭게 지하철을 이용할 수 없다. 다만 안내원과 함께라면 우리들이 취재한 부흥역 등 일부 구간은 외국인 관광객도 들어갈 수 있는 것 같다. 홈에는 일본의 역과 달리 광고가 하나도 없다. 차내에도 광고 포스터는 한 장도 붙어있지 않다.

광고라고 하면 최근에는 길거리에 간판을 내놓는 형태로 북한에서도 광고를 볼 수 있게 되었다. 앞으로는 북한에서도 광고가 늘어날 것인가? 예전에 국영TV가 대동강맥주의 광고방송을 내보내서 화제가 되었지만 어찌된 일인지 바로 중지되어 버렸다.

2017년 4월에 해외 언론에게 지하철 부흥역 취재를 허가했다.

개찰구를 빠져나가자 친숙한 길고 긴 에스컬레이터. 시간을 재어보니 약 2분 45초 만에 지하 홈에 도착하였다. 구형 차량에서 교체된 신형 차량의 운행이 시작되었다.

2015년 10월 취재에서는 열차 문이 수동이었는데 신형 차량에서는 자동으로 바뀌었다. 행선지를 나타내는 전광게시판도 설치되어 있었다. 이전에는 안내원이라고 부르는 여성 역무원이 빨간색 동그라미가 그려진 신호봉을 들어 올려 수신호로 이루어졌지만 이제는 자동문 앞에서 발차를 확인할 뿐이었다.

신형 차량에 관해서 승객은……

"해외에 많이 선전해 주세요. 이것(지하철)이 얼마나 근사한지."

"앉은 느낌? 굉장해요."

트럼프 대통령 취임 후, 북한과 미국의 긴장이 격화하였다. 시민생활에 영향은 있는 것일까?

"우리들에게는 그런 긴장감 없습니다. 경애하는 최고지도자 김정은 동지가 있는 한 우리들은 승리한다고 생각합니다."

평상시의 평양지하철 모습이다. 지하방공호 역할도 겸하고 있는 지하철은 비상시에 어떠한 모습을 드러낼 것인가.

3. '김정일 점퍼'를 주문제작해 보았다

패션리더 리설주

평양의 거리를 걸으면 다양한 복장으로 멋을 즐기는 여성들과 만난다. 처음 평양거리에 왔을 때 여성의 정장은 고블랭(프랑스 융단·벽걸이용의 직물 일종 - 옮긴이)의 천을 사용한 한복이었다. 겨울용 커튼 같다고 생각했던 것을 기억한다. 그것이 시대의 변화와 함께 크게 바뀌었다.

최근은 화려한 재킷에 바지. 상하 같은 옷감으로 된 투피스에 굽이 있는 구두 등 깔끔한 옷차림이 눈에 띤다.

긴 머리카락에는 큰 머리장식을 꽂기도 하고 뒤로 땋아 늘어트리기도 하고, 짧은 머리모양도 유행하고 있는 것 같다.

북한 여성들의 패션 본보기가 되는 사람은 김정은의 부인 리설주다.

리설주가 공식자리에 등장하고 나서부터 짧은 머리의 여성이 늘어난 느낌이 든다. 마식령 스키장이나 평양의 물놀이장 등 김정은 시대에 만들어진 오락시설 안의 미용실에 있는 머리모양 견본에는 짧은 머리가 눈에 잘 띠는 한 가운데에 있었다. 유행의 최첨단이라고 느꼈다.

리설주는 김정은의 시찰에 동행할 때 늘 여성스런 우아한 차림으로 등장한다. 리설주의 패션은 언제나 시선이 집중된다. 그녀가 입은 물방울무늬의 옷이 평양에서 크게 유행한 적도 있었다. 평양의 여성들은 유행하는 옷을 어디에서 구하는 것일까?.

평양의 오래된 제1백화점의 매장에는 유행하는 디자인의 양복과 신발이 가득 진열되어 있다. 여성들이 직접 마음에 드는 것을 고르고 있다. 2010년대부터 중국에서 의류가 많이 들어오게 되었고 색상과 모양도 화려해졌다. 가게에서 기성품을 살 뿐만 아니라 마음에 드는 디자인의 양복을 맞춰 입는 일도 많다고 한다. 북한에서도 젊은 여성은 패션에 민감하다. 중국 경유라고 여겨지지만 통굽 샌들과 클러치 백 등 그때마다의 유행이 재빨리 들어오는 것을 느꼈다.

머리모양에 관해서는 리설주뿐만 아니라 김정은의 특색 있는 머리모양을 흉내내는 사람도 적지 않다. 아니 제법 많다고 해도 좋다. 2015년 10월 10일의 군사 퍼레이드 때, 나는 김정은을 촬영하려고 디지털 카메라로 계단식 단상을 담고 있었는데, 김정은을 촬영하는 카메라맨의 머리모양이 뒤에서 보니 김정은과 똑같이 생겼다. 김정은인가 싶어 카메라로 자세히 들여다보니 카메라맨이었던 적이 자주 있어 혼동하기 일쑤였다.

어찌되었든 역시 최고지도자와 그 부인의 머리모양과 패션은 북한 주민에게는 동경의 대상이고 본보기가 되고 있었다.

주문제작

나는 2015년 10월에 양각도호텔 안의 한 모퉁이에 있는 양복점을 방문하였다. '여기라면 그 점퍼를 주문제작 할 수 있다.' 이런 소문을 우연히 들었다.

양각도호텔은 평양에서 고려호텔 다음으로 큰 호텔이다. 양복점은 이 호텔의 엘리베이터가 멈추지 않는 3층에 있었다. 절전을 위해서일까 복도는 어두컴컴했다. 관광투어 홈페이지에 소개되어 있는 곳인데 관광객 이용은 거의 없고 지방 손님을 위한 가게인 것 같다.

가게 안에는 정장 등의 양복 견본과 완성품이 비좁게 진열되어 있었다. 일본 잡지도 있어 깜짝 놀랐다. '레이디 부틱 2013년 12월호'라고 적혀 있었다. 어디에서 들여왔을까? 일본의 스타일북이 몇 권 있어 그 중에서 마음에 드는 디자인을 선택할 수 있었다. 원단은 개인적으로 가져와도 되고 가게에 있는 원단 중에서 고를 수도 있는 구조였다.

과감하게 주문해 보았다.

종업원 : 무엇을 만들어드릴까요?
나 : 재킷이나 정장을 맞추고 싶어요.

옆방에는 젊은 여성 몇 명이 일하고 있었는데, 그녀들은 봉재나 마무리 다림질을 하고 있었다. 바쁠 때는 한밤중에도 교대로 일하고 있는 것 같았다. 가게에는 무뚝뚝한 얼굴을 한 아주머니가 무엇인가 셈을 하고 있었고, 외국인에게는 작업장을 보여주고 싶어 하지 않는 모습이었다. 마치 비밀스런 공장 같아 저절로 가슴이 두근거렸다.

맨 먼저 치수재기, 이번에 주문하는 옷은 탁한 황갈색 점퍼이다. 실물을 보니 어디선가 본 적이 있는 기분이 드는 옷이다.

◀ 여성도 애용자가 많다는 점퍼

그렇다. 김정은의 아버지 김정일이 애용했던 점퍼다.

일본에서는 왠지 모르게 위화감이 느껴지는 점퍼지만 북한에서는 인기 있는 디자인이기 때문에 주문도 많다고 한다. 남성뿐만 아니라 여성들이 치마에 곁들여 입는 경우가 많다고 한다.

주문이 끝나자 다음은 가봉이다. 시침실로 홈질한 재킷을 잠깐 입어 보았다. 어깨가 조금 크다. 어깨 패드를 넣어서 조정하였다.

"여기 '에리'가 있으니깐 이렇게 해서."

에리^{옷깃}는 일본어를 그대로 사용하고 있었다.

앞 지퍼를 올리고, 이번에는 겨드랑이 조정이다.

"여기에 고무를 댈 겁니다. 몸에 잘 맞게……. 어깨는 어떻습니까? 조금 좋아지지 않았습니까? 조금 줄일까요? 품도 조금 줄이고? 너무 꼭 맞지 않나요? 작지 않습니까? 길이는 어떻습니까?"

"꼭 맞아요."

"소매 길이를 좀 더 길게 하지 않아도 되겠습니까?"

"좋습니다. 지금 입고 있는 것이 기니깐……."

"네, 이 정도로 좋겠지요."

이런 대화를 주거니 받거니 하면서 김정일 점퍼가 완성되었다.

가게 책임자라고 생각되는 여성은 처음에는 흔쾌히 맞이해주고 기분 좋게 주문에 응해주었다. 그러나 촬영해도 되겠냐는 말을 꺼내자마자 말 수가 갑자기 줄어들었다. 외국인과의 접촉을 수상히 여기고 경계하고 있는 것이다. 가게 주변에는 호텔 감시원 같은 사람이 수시로 방문해 이상이 없는지 체크하고 있는 것처럼도 보였다. 우리들도 감시원의 눈을 피해 종업원을 배려하면서 주문과정을 디지털 카메라로 촬영하였다.

가봉이 끝나면 3일 후에 완성이다. 김정일이 애용했던 점퍼.

궁금했던 점퍼의 가격은 북한 돈으로 약 1만 5000원이었다.

양복점에는 맞춤복 외에도 김정일 정장 기성복이 몇 벌 더 있었다. 주문은 생각보다 많은 것 같았다.

평양 시내에서도 남성들이 입고 있는 것을 가끔 보았다. 여성도 입는다고는 하지만 남성이 압도적으로 많다. 나는 상의만 주문했는데 바지와 치마를 한 벌로 맞추어서 정장으로 입는 사람이 많이 있다고 한다.

북한에서 주문제작한 김정일 점퍼. 그러나 아직 한 번도 입어본 적이 없다. '김정일 전매특허'라는 인상이 너무 강하기 때문이다. 북한과 관련 있는 것을 모르는 사람에게는 단지 수수한 점퍼겠지만, 그래도 이것을 입고 외출하는 것은 용기가 필요할 것 같다.

4. 메추라기에 메기 ─ 김정은 어용 레스토랑

거대 선상 레스토랑

동아시아 최빈국, 식량난, 아사……. 북한에는 먹는 것과 관련된 부정적인 형용사가 많이 따라 다닌다. 그러나 평양에 한해서는 식량부족은 느낄 수 없다. 지금부터 소개하는 것은 어디까지나 특권계층의 북한 식량사정이다.

평양 중심부를 흐르는 대동강. 4층의 대형선박이 정박해 있다. 간판에는 한글로 '무지개'라고 적혀 있다. 유람선이라 생각하며 안으로 들어가 보았다.

2층 높이로 뻥 뚫린 로비에는 가죽을 댄 의자가 놓여 있고 기념 촬영하는 사람들의 모습도 보인다. 안내데스크로 쉴 새 없이 손님이 들어오고 있다. 입구에는 전자메뉴판도 놓여있었다.

사실 이 배는 대동강을 유람하면서 식사를 하는 선상 레스토랑이다. 한번에 약 1200명 수용이 가능하다고 한다. 레스토랑 안으로 들어가 보니 대부분이 만석이었다. 개업한 지 얼마 되지 않은 이날은 경축일이기도 해서 식사를 즐기는 사람들로 만원사태가 이어졌다.

이 선상 레스토랑은 조선노동당 창건 70주년에 맞추어 2015년 10월 5일에 영업을 개시하였다. 당시 평양에서 가장 앞서가는 레스토랑이었다. 우리는 오픈한지 1주일 후에 점심식사를 하러 방문했는데 쉴 새 없이 손님이 몰려와서 빈자리를 찾아 돌아다녀야만 했다.

내부 디자인도 훌륭하고 손님의 복장도 거리에서 마주치는 사람들과 비교하면 부자처럼 느껴졌다.

어느 테이블을 보니 어린 남자 아이를 에워싼 가족이 단란한 시간을 보내고 있었다. 테이블에는 삶은 돼지족발과 메추라기 통구이, 빵 등이 차려져 있었다.

◀ 대동강 선상 레스토랑

나도 먹어보았는데 이런 조선요리는 처음이었다. 흰 돼지족발은 깨소금에 찍어서 먹는 것인데 매우 부드럽고 콜라겐이 풍부한 느낌이었다. 메추라기는 북한에서는 일반적으로 통구이로 요리하는데 닭고기 이상으로 자주 먹는다고 한다. 닭보다도 작아 성장이 빠르고 사료도 적게 든다고 한다.

다른 테이블에는 남녀 한 쌍이 있었다. 한창 데이트 중인 것 같다. 때때로 서로 눈을 맞추며 즐거운 듯이 식사를 하고 있다. 손님들이 마시는 음료는 북한산 대동강맥주다. 손님은 "맥주 2병 주세요"라며 연이어 주문하고, 노란색 재킷을 입은 종업원들은 눈코 뜰 사이 없이 바쁘다.

그밖에도 배 안에는 커피숍과 연회장 그리고 선물판매점 등이 있고, 3층 갑판에서는 대동강의 전망을 즐길 수 있다. 평양 시내를 동서로 흐르는 대동강은 시민의 휴식처가 되어 있다. 여름에는 나룻배를 탄 사람들의 모습도 많이 보인다.

얼핏 보면 고급처럼 보이지만 북한측 설명에 의하면 이 레스토랑은 고급이 아니라고 한다. 새로 개업해서 유명해진 레스토랑이기 때문에 손님은 특별한 장소라는 인식을 갖고 오는 것 같다. 북한에서는 경축일에 유명한 레스토랑의 무료식사권이 배급되는 일도 많다고 한다. 이번에 여기온 고객들도 그런 무료식사권을 가지고 온 손님일 수도 있을 것 같다. 하여튼 손님이 너무 많아서 레스토랑측도 손이 미치지 못해 주문한 음식이 나오지 않는다고 불만을 토로하는 손님이 눈에 띤다.

취재 도중에 어린이들의 오락 장소를 발견했다. 강가에 있는 사격장에 어린이들이 모여 있었다. 하얀 막으로 둘러쳐진 선반 위에 둔 과녁을 장난감 총으로 쏘는 형식이다. 일본의 엔니치^{縁日, 신불(神佛)을 공양하고 재를 올리는 날 /} ^{장날의 노점}에서 볼 수 있는 것과 같은 놀이다.

원래부터 설정된 취재는 아니었다. 안내원이 없는 사이에 어린이들에게 말을 걸어보았다.

Q. 재미있니?

A. 네.

가게 여성에게도 물었다.

Q. 맞추면 무엇을 주나요?

A. 담배, 껌.

Q. 어린이에게 담배를?

A. 어린이에게는 껌을 줍니다.

Q. 누가 제일 잘하니?

이렇게 묻자, 남자 이이기 "제가 제일 잘합니다"라고 자랑했다.

Q. 몇 발 맞췄니?

A. 7발 맞췄습니다.

Q. 몇 발 쏴서 몇 발 맞췄니?

A. 13발 중 7발.

Q. 자주 놀러오니?

A. 네.

Q. 한 달에 몇 번 오니?

A. 20번 정도요.

◀ 사격장에 신이 난 어린이들 (2013년 9월)

요금은 1번에 30원(한화 약 40원) 정도. 어린이들에게는 친근한 오락인 것 같았다.

대동강 강가에서 본 평양 시민들의 휴식. 이것을 취재하기란 북한에서는 꽤 어렵다. 아무렇지도 않은 시민의 편안한 일상을 가까이에서 접할 수 있었던 귀중한 시간이었다.

메기 양식장

김정은은 시민생활을 중시하는 태도를 때마다 강조하고 있다. 2017년 4월, 해외 언론에 공개된 메기양식장은 전부 기계화되어 있다는 선전을 하였다.

취재를 해보니 전부 기계화되어 있는지 어떤지는 약간 의문이 들었다. 대량의 메기가 양식되어 있는 것은 잘 알 수 있었다. 북한의 경우, 식료사정을 개선하기 위해 메기를 기른다는 것이 독특하다고 말할 수 있다. 메기 이외에도 토끼라든가 염소 사육이 장려되고 있는데, 왜 소와 돼지 등 일반적인 가축이 아니라 메기일까? 거기에는 북한 나름의 사정이 있다.

김일성 사망 후인 1994년부터 1998년 무렵까지 북한은 대규모 자연재해를 입었다. 그 때문에 기아가 계속되어 수백만 명이나 되는 아사자가 생겼다. 기아와의 전쟁은 일제강점기의 항일활동과 '고난의 행군'[2]에 비유된다. 이때 성장과 번식이 빠른 생물의 사육에 관심이 모였다. 메기와 토끼, 염소, 메추라기 등에 주목한 것도 성장이 빠르고 번식이 쉽기 때문이다. 비용도 소와 돼지에 비해 싸게 해결된 이유도 컸던 것이 아닐까.

나는 북한에서 메기요리를 먹어본 적은 없지만, 메기 자체는 담백한 맛이므로 찌개에 넣어 먹으면 맛있을 것이라고 상상할 수 있다. 한국에서 말하는 매운탕 같은 것이다. 그래도 북한의 일반 시민이 얼마만큼의 빈도로 메기와 토끼 등을 먹고 있는지는 솔직히 잘 모른다.

평양의 메기양식장은 김정은이 2014년에 확장공사를 지시했다. 양식장에 들어가 보면 맨 앞 방에는 최고지도자에 의한 시찰 사진이 여러 장 전시되어 있다.

이 공장은 원래 김정일이 발전소의 배수를 사용한 메기 양식을 계획했다고 한다. 관내에는 김정일이 시찰했던 당시의 메기 표본도 전시되어 있었다. 메기양식의 이유에 관해서 공장책임자는 이렇게 설명했다.

"메기는 우선 생산성이 높고 영양가가 굉장히 높습니다. 또한 발전소의 배수를 이용할 수가 있습니다."

"메기는 성장이 빠르기 때문에 식료부족 해소에 도움이 됩니다."

양식장의 종합지령실은 전부 기계화되어 제어센터에서 관리하고 있다

---

2 북한이 1990년대 중·후반 국제적 고립과 자연재해 등으로 극도의 경제적 어려움을 겪은 시기에, 이를 극복하기 위해 제시한 구호이다.

고 한다. 제어센터에 있는 대형 모니터에는 수온과 수소 이온지수 등 활어조의 상황을 나타내는 수치를 시시각각 보여주고 있었다.

◀ 김정은이 확장공사를 명령한 메기양식장

"(연간생산량)2000톤 규모로 시작했습니다만, 그 후 위대한 김정은 원수님이 개축을 지도해 주셔서 2500톤이 되었고, 앞으로는 3000톤을 목표로 하고 있습니다."

자랑스럽게 설명하는 책임자. 그러나 의문이 생기는 부분도…….

정면에는 거대한 모니터에 온도가 표시되어 있는데 그 앞에는 PC화면밖에 없고 컨트롤 가능한 상태로 되어있지 않다. 대형 모니터 앞쪽에 있는 것은 3대의 보통 데스크 탑뿐. 게다가 윈도우의 시작화면 그대로였다. 말과 실태가 맞지 않는 느낌이다.

메기는 알을 인공으로 부화시켜 치어부터 성장할 때까지 단계별로 사육한다. 옥내와 옥외에 130개의 활어조가 있고 작업원이 수작업으로 메기에게 사료를 주고 있었다. 수온은 컴퓨터로 제어하고 있다고 말하면서 사료는 사람이 직접 손으로 뿌려주고 있다. 어디까지 기계화가 되어있는 것인지 현장에서는 자세히 확인할 수 없었다.

성장한 메기는 전골요리로 음식점에 제공되는 이외에, 소시지, 통조림 등으로 가공되고 있다. 이전에는 생산량이 적었지만 지금은 꽤 늘어 시민들에게 매달 제공할 수 있게 되었다고 공장 직원은 말했다.

자라 양식장에서 김정은의 격노

김정은은 농장과 공장 시찰을 정기적으로 실시해 시민생활을 중시하는 태도를 강조하고 있다. 그러나 시찰 결과에 언제나 만족하지는 않는다.

식생활에 관해 김정은을 상징하는 장면으로 잊을 수 없는 것은 자라양식장 시찰에서 몹시 화를 낸 모습이다.

2015년 5월에 김정은이 평양의 자라양식장을 방문했을 때이다. 북한 언론은 이렇게 보도하였다.

"김정은 동지는 공장의 쇠퇴가 놀랄 만한 정도라고 말씀하시고, 이런 공장은 처음 보았다고 격노하시었습니다."

"시설 운영상황이 지시대로 진행되고 있지 않다고 격노하시고 '전기, 물, 시설 문제로 생산을 정상화할 수 없다는 것은 말이 되지 않는다'라고 현장간부를 엄하게 꾸짖으셨다."

김정은이 시찰 장소에서 '노하셨다'가 보도된 것은 이례적인 일이다. 영상을 보니 표정도 전에 없이 엄하고 몸짓도 격렬하였다. 여기도 마음에 안 든다, 저기도 안 좋다고 불만을 내뱉고 있는 모습이 묘하게 사실적이다. 역린을 건드린 당시의 지배인은 시종 머리를 숙이고 있어 보고 있는 사람이 안타까울 정도였다.

보통 시찰에서는 언제나 기뻐하는 인상을 주지만 이것은 어디까지나 선전용이다. 김정은을 화나게 하면 일신의 파멸을 초래……. 그렇게 생각하면 북한 사람들에게 해외 언론의 취재 따위보다는 김정은의 시찰 쪽이 훨씬 힘든 것임에 틀림없다.

북한 소식통에 의하면, 김정은의 시찰이 결정되면 대상이 되는 공장과 사업소는 김정은을 실망시키지 않도록 철저히 준비한다고 한다. 예를 들어, 수산 가공장이라면 사전에 대량의 수산물을 사들여 어떻게든 사업을 잘 하고 있는 것처럼 가장하는 것이다. 단, 이러한 조치는 어디까지나 임시방편이기 때문에 김정은의 시찰이 끝나면 나중에 궁지에 몰려 모습을 감추는 간부도 적지 않다.

옛 소련과 지금의 중국도 그렇지만, 사회주의 국가의 경우 지금까지도 통계데이터가 조작 및 왜곡되어 보고된 경우가 많이 있었다. 김정은 시찰의 경우도 당사자가 조금이라도 잘 보이려고 현재의 상태와는 다른 상황을 보고할 가능성이 있는 것을 부정할 수 없다.

왜 보통 때의 시찰과는 다른 김정은의 모습을 굳이 보도한 것일까? 자라 양식장에서의 격노하는 보도에 내외의 관심이 쏠렸다. 그렇지만 북한측은 김정은의 이미지가 나빠질 것을 염려했던지 몇 개월마다 정리하는 김정은 기록영화에서 '격노'라는 표현은 지워져 있었다.

김정은의 화를 부른 양식장 지배인은 어떻게 되었을까? 지도부 소속이 아니므로 자세한 동정은 잘 모르지만 처형되었을 가능성이 높다. 지배인 숙청에 이르는 과정에는 어떤 내부고발이 있다고 생각된다. 이러한 상황을 만드는 배경에는 김정은에 대한 충성경쟁이 격화되어 서로 물고 뜯는 일이 생기게 마련이다.

북한의 단골 음식

평양 명물 음식이라고 하면 빼놓을 수 없는 것이 옥류관 냉면이다. 평양 시민부터 외국인까지 언제나 많은 손님으로 붐빈다.

옥류관은 김일성과 김정일도 몇 번씩이나 방문했던 대단히 유명한 음식점이다. 명물인 평양냉면은 직경 30센티미터 정도의 쟁반접시에 닭고기와 달걀, 야채와 함께 면이 가득 들어 있다.

냉면의 양은 200그램부터 선택 주문을 할 수 있다. 남성의 경우 더 먹지 않으면 북한에서는 '남자가 아니다'라고 놀림을 받을 정도다. 한국 냉면과 비교하면 국물이 매콤한 것이 평양냉면의 특징이다. 이것에 녹두빈대떡과 아이스크림이 곁들여져 6유로(약 8000원)였다. 외국인은 일반 손님과는 다른 별실로 안내되고 가격도 외국인용이 적용된다.

평양의 오래된 냉면음식점에 계속 소개되는 식당은 2012년 9월에 개업해 인기를 모으고 있다는 해맞이 식당이다. 입구에서 한복 차림의 여성이 맞이한다. 1층은 슈퍼, 2층은 커피숍과 양식 레스토랑으로 되어 있고, 김정은도 방문시찰하였다. 주로 당 간부와 부유층이 이용하는 인기 있는 음식점으로 알려져 있다.

해맞이 식당의 메뉴는 김치 등 전통적인 북한요리가 곁들어진 양식이 중심이다. 우설(소의 혀) 오로라 소스[3] 무침, 중화풍 족발 등 다양한 요리가 즐비하다. 이 음식점에서 권하는 제일 맛있는 요리는 쇠고기 철판구이·후추 소스다. 계란프라이와 채소가 어우러져 있어 김정은도 마음에 들어 한 메뉴라고 한다.

먹는 방법을 물어보니…….

"밥과 반찬을 섞어서 드세요."

보기 좋게 담긴 음식을 그대로 먹는 것이 아니라, 비빔밥처럼 전부 섞는 것이 북한방식이다. 요리를 가져온 점원은 소고기에 소스를 뿌리고 익숙한 손길로 밥을 한데 섞었다. 김정은이 최고라고 추천하는 음식, 과연 맛은 어떨지…….

'후추 소스로 버무린 스테이크 비빔밥 풍'이었다.

---

[3] 베사멜 소스에 토마토 퓨레와 버터를 첨가한 소스.

김정은 취임 후, 평양에는 햄버거 가게와 고급철판구이 레스토랑 등 서구풍 맛을 받아들인 가게가 연이어 등장하였다. 중국인 관광객이 증가했기 때문에 중화풍 메뉴를 제공하는 가게도 많다.

한편, 지방에서는 전통적인 궁중요리가 관광객의 인기를 모으고 있다. 개성에서는 고려시대의 가옥을 레스토랑으로 이용하고 있었다. 풍정이 있는 전통가옥에서 각종 나물과 김치, 고기, 채소볶음과 지에밥[4] 등 10종류 이상의 작은 쟁첩이 상에 차려진 궁중요리를 먹을 수 있다. 된장국과 밥도 합치면 다 먹을 수 없을 정도의 양이다.

◀ 개성 레스토랑에서 제공하는 궁중요리

일본요리가 먹고 싶은 경우에도 걱정할 필요가 없다. 평양역에서 가까운 건물 한 모퉁이에 있는 음식점은 그 이름도 '총련 역전식당'이다. 제일조선인총연합회(조선 총련)가 2011년에 평양역 바로 앞에 개업한 식당이다. 조선 총련이 경영하는 것이기도 해서 일본식 계란말이와 오코노미야키 등 일본풍 메뉴를 풍부하게 갖추고 있다. 그중에도 인기 있는 음식은 오코노미야키다. 양배추가 많이 들어 간 재료에 맛이 진한 우스터소스에 마요네즈. 일

---

4 찹쌀과 멥쌀을 물에 불려서 시루에 찐 밥

본의 맛 그대로다.

북한식당에서는 공연도 빼놓을 수 없다.

역전식당에서는 여성종업원뿐만 아니라 주방의 남성종업원도 등장해 노래를 선보인다. 흥이 나면 손님도 참여하여 함께 노래를 부르기도 하고 춤을 추기도 하며 즐기는 것이 북한식당 특유의 스타일이다. 이 날도 가게 에는 손님으로 가득 차 인기가 대단하다는 것을 엿볼 수 있었다.

우리가 억지로 보게 된 이들 장면만으로 북한 전체의 식량사정을 논하 는 것은 무리가 있다. 외부 음식점을 이용할 수 있는 부류도 극히 한정된 부유층임에는 틀림없기 때문이다. 서민은 식탁에 어떤 요리를 차려놓고 먹고 있는 것일까? 지방 사정은 어떠한가? 실태를 알 수 없는 답답함이 여전히 남는다.

4장   통제강화와 지방격차

조선노동당창건 70주년 식전에서 횃불을 들고 행진하는 학생들
(2015년 10월)

1. 엘리트 교육의 빛과 그림자

철저한 '지도자 숭배'

김정은이 내세운 '핵개발과 경제 병진노선'이라는 슬로건. 앞에서도 언급했듯이 핵무기 능력을 향상시키는 동시에 경제건설에도 힘을 쏟겠다는 뜻이다. 김정은의 호령하에 북한은 본격적으로 이 노선을 추구하고 있다. 이 국가목표를 지탱하는 사람이 북한의 엘리트들이다.

우선 먼저 북한의 교육제도를 살펴보겠다. 북한에도 의무교육제도가 있다. 유치원 1년, 소학교^{초등학교} 5년, 중학교 6년의 12년제로 되어다. 북한의 중학교는 일본의 중학교와 고등학교에 해당하는 셈이다. 이 기간 동안에 철두철미하게 지도자 숭배교육이 실시된다. 유치원부터 시작해 유소년기부터 반복적으로 김일성과 김정일을 신격화하는 일화와 업적을 철저히 가르친다. 또 사회주의 도덕 등 북한만의 독특한 과목도 있어서 '세계에 부러워할 것은 없다'라는 북한 사회주의 체제의 우월한 가치관을 심어주고 있다.

김정은의 신격화도 가속화되고 있다.

우리가 2015년에 입수한 북한의 초등학교 2학년 국어교과서에는 다음과 같은 김정은의 일화가 실려 있다.

'훈이의 도화공작^{圖畵工作} 공책'

소년 훈이의 새 집을 방문한 김정은이 훈이에게 그림 그리는 방법을 가르쳤다는 제목이다.

경애하는 원수님은 훈이 곁에서 "여기에 꽃을 그리면 좋다", "색은 무슨 색이 좋다"라고 일일이 가르쳐 주셨습니다. 훈이는 "경애하는 원수님! 원수님이 가르쳐 주신대로 꼭 훌륭한 그림을 완성시키겠습니다"라고 맹세했습니다.

이 당시, 김정은이 방문했던 집은 2012년에 완공되었던 평양 창전거리의 초고층 주택이다. 우리가 이듬해인 2013년 여름에 취재했던 바로 그 주택이었다.

창전거리는 평양의 고층아파트 건축 붐의 선구가 된 장소다. 아파트 입구에는 '김정은 동지께서 지도한 건물'이라고 적힌 간판이 내걸려 있었다.

우리가 취재한 노동자의 가정이 교과서에도 소개된 '훈이'의 집이었다. 훈이네 집 거실에는 김정은에게 선물로 받았다는 소파와 액정TV가 놓여 있었고 벽에는 김일성과 김정은의 초상화가 장식되어 있었다. 그 중에서도 가장 특별한 것은 김정은이 부부동반으로 방문했을 때 가족과 함께 촬영한 기념사진과 자필 편지다.

훈이의 아버지는 김정은 부부의 방문을 전혀 예상하지 못했다고 말했다. "식구는 4인 가족과 친척으로, 방 5개의 집에 살고 있습니다. 어느 날 갑자기 집에 김정은 원수님이 시찰 나오셔서 깜짝 놀랐습니다. 아이들에게도 좋은 말씀을 해주셨습니다. 너무나 고마웠습니다."

아이들 방에는 교과서에 나오는 대로 김정은이 훈이에게 가르쳐 준 그림이 그려진 스케치북도 있었다. 훈이에게 들어보니…….

"(리설주 여사가 가지고 오신) 만두가 맛있었습니다."

"우리 집은 (친구의 집과 비교해도) 제일 좋아요."

훈이의 아버지는 평양시에서 청소관계의 일을 하고 있다. 극히 평범한

노동자라고 한다. 고층주택 건설은 김정은시대 풍족함의 상징이다. 그렇기 때문에 교과서에도 실려 선전되고 있었다.

이번에는 초등학교 3학년 국어교과서를 살펴보겠다.

서두에 "우리당과 국가에서는 사랑하는 소년단원은 금화보다도 중요한 보물이며 희망과 미래의 모든 것입니다"라고 김정은의 말씀이 소개되어 있다. 또 '사랑의 날개'라는 제목의 장에서는 전교생이 17명 밖에 없는 산속 오지의 작은 학교에서 소년단 행사의 대표로 선발된 철혁이가 김정은의 배려로 특별기를 타고 멀고 먼 평양을 방문할 수 있어서 크게 감격하는 일화가 실려 있었다. 2013년 무렵부터 교과서에 점차 김정은의 인민에 대한 애정을 강조하는 내용이 늘어갔다. 김일성·김정일의 우상화 교육에 더하여 김정은 개인숭배가 교육 분야에서도 급속히 진행되고 있는 것을 알 수 있다.

도덕 교과서에는 다음과 같이 적혀 있었다.

"경애하는 김정은 원수님은 우리 청소년들을 제일 사랑하시고 따듯이 마음으로 품으시는 자애 넘치는 아버지입니다."

"김정은 원수님을 높이 모시는 일은 그의 품속에서 자란 우리들의 가장 큰 도리이고 숭고한 도덕입니다."

교과서에서 김정은을 찬양할 때는 각 학년마다 어린이들에게 깊은 애정을 보이는 일화로 소개되어 있다. 그러나 할아버지 김일성과 아버지 김정일과는 달리 '김정은의 혁명사업'이라는 김정은의 이름을 붙인 과목은 아직 없다.

유치원부터 계속 이러한 형태로 지도자와 당에게 충성할 것과 사회주의적 도덕관을 철저히 주입받는 북한 어린이들이다. 김정은에 대한 개인숭배가 쉽게 흔들리지 않는 것도 무리가 아니다.

과학 엘리트 육성

김정은이 특히 힘을 쏟고 있는 분야는 과학엘리트 양성이다.

북한의 핵·미사일 개발을 지탱하는 이과계의 영재들은 어떠한 교육을 받고 있는 것일까? 그 현장을 취재하였다.

우리들이 안내된 곳은 '김정은 원수님, 감사합니다'라고 적힌 간판을 내걸은 흰색 건물이었다. 평양 제1중학교(이하, 평양1중)는 전국에서 선발된 우수한 학생이 모인 엘리트 양성학교다.

김정은이 간부들에게 내린 지시를 정리한 '말씀' 중에서도 평양1중을 몇 번씩이나 언급하며 중학교육에서 최고 수준의 교육기관이 되도록 지시하고 있다. 김정은이 가장 중시하는 학교인 것이다.

♪단숨에, 단숨에~, 단숨에!!

교내에 들어가 보니, 학생들이 김정은을 찬양하는 노래를 힘차게 부르며 환영해 주었다.

평양1중에서는 김정은의 명령으로 과학과 물리, 컴퓨터 교육에 중점을 두고 있다. 이 때문에 이과계를 지원하는 학생이 많이 몰리는 것으로 유명하다. 교장에 의하면, 졸업생 대부분이 김일성 종합대학과 김책공업종합대학 등 북한의 명문대학에 진학해 우수한 성적을 받고, 대학 졸업 후에는 과학자로서 활약하고 있다고 한다. 국가를 위해 큰일을 해낼 인재를 많이 배출하고 있는 것이 큰 자랑거리인 것 같다.

10층 건물의 본교 안에 들어가면, 정면에는 김일성과 김정일의 초상화가 걸려 있다. 이과교육을 중시하는 학교답게 컴퓨터를 배우는 어린 학생들의 모습이 그려져 있다. 사실 이 학교는 김정일이 6년간 다녔던 모교이기도 하다.

중학교에서 고등학교까지 6년간 일관된 교육을 하는 이 학교는 방문할 당시(2015년 10년)에 1200명의 학생이 공부하고 있다고 했다.

◀ 평양1중의 수업풍경. 북한 전국에서 우수한 학생이 모였다.

학생들에게 장래의 희망을 물어보았다.

"경애하는 김정은 원수님에게 기쁨을 드리는 사람이 되고 싶습니다."

"우리나라를 빛내는 과학자가 되고 싶습니다."

"인공위성을 발사하는 연구자처럼, 국가의 과학을 발전시키는 연구자가 되고 싶습니다."

"공부를 열심히 해서 나라의 명예를 세계에 떨치는 사람이 되고 싶습니다."

학생 대부분이 판에 박힌 듯이 과학자가 되어 김정은을 기쁘게 해주고 싶다. 국가의 위신을 높이고 싶다고 대답하였다.

교실에서는……. 학생들이 진지한 표정으로 공부하고 있었다. 책상 위에 공책과 교과서를 몇 권씩 높게 쌓아두고 있다. 공책에는 화학공식이 빽빽이 적혀 있었다. 이과 분야에서는 상당히 높은 수준의 수업을 받고 있는 것 같았다.

북한의 물리 교과서를 보겠다.

◀ 평양 제1중에서 사용하고 있는 화학 교과서

겉표지에는 북한의 미사일과 위성이 그려져 있다. 핵과 우주개발, 정보
기술개발의 모든 기초로서 물리학의 중요성이 강조되어 있었다. '로켓의
운동'이라는 제목의 장에는 '북한은 다른 나라와는 다른, 북한 방식의 미
사일을 개발해야만 한다'라고 김정일의 말을 인용하고 특별히 한 장을 할
애하여 미사일 발사의 기본원리 등을 자세히 소개하고 있다. 또 정보기술
이라는 과목이 있어 중학생부터 컴퓨터 기본을 익히게 하는 등 IT교육에
도 주력하고 있는 것을 알 수 있다.

학생들은 1일 6시간 수업을 받은 후 교과서와 컴퓨터 등을 이용해 자
습한다고 한다. 북한이 자랑하는 엘리트 학교인 만큼 입학 후에도 공부에
여념 없는 나날을 보내고 있는 것 같다.

한편, 영어교실에서도……

선생 : He could contact to me, make sense?

학생 : Yeah.

북한에 대해 적대시하는 정책을 취하고 있는 미국을 항상 비판하고 있

는 북한이지만 이 학교에서는 적극적으로 영어교육에 몰두하고 있다.

학생에게 인터넷과 페이스북을 알고 있는지 물어보니…….

Q. 인터넷을 사용하고 있습니까?

A. 인터넷……?

Q. 페이스북은?

A. 페이스북……?

북한에서도 인터넷을 이용하고 있다. 그러나 매우 제한된 형태로 운용되고 있다. 북한에서는 외부 사이트에 자유롭게 접속할 수 없고 보통은 북한 국내에서만 운용되는 사이트만 이용할 수 있다. 인터넷이라는 용어는 사용하지 않고 '망網'이라고 부른다. 넷net을 의미하는 중국어를 그대로 조선어로 바꾸어 사용하고 있는 것 같다. 대부분의 IT기술은 중국에서 들여왔다는 것을 엿볼 수 있는 하나의 예다. 학생이 사용하는 학습용 인터넷은 보통 '학교 망'이라고 부르고 있다. 학생들은 인터넷이라는 용어도 모르고, 페이스북의 존재 등은 상상도 할 수 없다. 납득할 수 없는 질문과 대답이 되어버린 것도 무리가 아니다.

컴퓨터 교과서에서 학교 망에 접속하는 방법을 살펴보겠다. 먼저 IP 주소를 설치한 후 북한의 WEB열람 사이트 '내나라'에서 학교 홈페이지를 열고 ID를 입력해 열람허가를 얻는다. 국가 컴퓨터 망에 접속하는 '평양성'이라는 사이트도 있지만 이쪽도 일일이 열람허가를 얻고 나서 사이트에 접속하는 구조로 되어 있다. 어디까지나 북한 내부만 사용하는 LAN같은 형태로 운용되고 있고 야후와 구글 등 해외 포털사이트에는 연결되지 않는다. 그러한 외부 넷을 이용할 수 있는 부류는 간부와 기술자 등 극히 일부 사람뿐이며 엄격히 정보가 통제되고 있다.

결국, 북한판 WEB열람 사이트는 있어도 거기에서 해외 사이트에는 접속할 수 없다. 이전에 슈미트 구글 회장의 방북 당시(2013. 1. 7~1. 10) 북한이 인터넷을 개방하는 것은 아닌지 주목받았지만 결국 실현되지 않았다. 인터넷을 오픈하면 김정은 체제를 비판하는 정보가 대량으로 유입되어 체제를 위협할 우려가 있기 때문이다. IT교육을 강화하고 물리와 화학교육을 중시하는 북한이지만 제재의 영향으로 첨단기술 취득이 곤란하게 될 뿐이다. 세계수준의 과학 강국을 목표로 하는 김정은의 꿈 앞에는 커다란 벽이 가로놓여 있다.

사이버 공격능력은 최고 수준

평양1중은 일본의 중학교와 고등학교에 해당하고 북한 전국에서 우수한 학생이 모인다. 북한의 명문 중학교로서 유명하고 수학 국제올림픽에서 우승한 학생도 있었다.

우수한 학생으로서 어려운 관문을 통과해 평양1중에 진학한 학생들. 이 학교에 들어오기 힘들지 않았냐는 물음에 "굉장히 힘들었습니다", "네, 죽을힘을 다해 열심히 공부했습니다"라고 대답했다.

부끄러운 듯이 웃는 학생들의 순진한 얼굴은 극히 평범한 청소년으로 보인다. 그러나 그들은 미래의 엘리트로서 핵무기와 미사일을 개발하고 나아가 사이버 공격 등의 분야에서 요직에 오를 가능성이 높다.

"사이버 공격은 핵·미사일과 함께 군의 타격력을 담보하는 만능의 보검寶劍이다."(김정은)

김정은이 '만능의 보검'이라고 할 만큼 북한의 사이버 공격능력은 매우 높은 수준이다. 한국의 국정원에 의하면, 조선인민군 산하 정찰총국의 지시를 받아 활동하는 해커부대는 6800명 규모다. 그 핵심부대는 '121부대'다. 어릴 때부터 영재교육을 받고 훈련을 쌓은 정예부대로 중국을 중심으로 해외에도 활동거점이 있다. 약 1100명이 해외에서 활동을 하고 있다고 한다. 미국의 소니·픽쳐 엔터테인먼트 해킹과 세계에서 동시다발적으로 발생한 '랜섬웨어'[1]라는 몸값을 지불하라고 요구하는 악성 프로그램을 사용한 사이버 테러는 이 121부대소행으로 간주되고 있다. 그 능력은 미국 중앙정보국(CIA) 못지 않다는 평가가 있을 정도다.

최근에는 금융기관을 겨냥한 사이버 테러로 거액의 외화를 강탈하고 있다는 의혹도 받고 있다. 2016년에는 방글라데시 중앙은행이 부정송금으로 8100만 달러(당시 한화 약 100억 원)를 강탈당한 것 이외에 에콰도르와 베트남 등 세계 18개국 은행에서 "사이버 은행 강도"의 피해가 이어졌다.

북한도 자녀교육에 대단히 열성이다. 부모는 자녀를 좋은 학교에 보내려고 필사적이고 수험경쟁도 치열하다. 간부의 자제 등이 인맥을 이용해 명문학교에 입학하는 경우도 있다고 하는데, 이 평양1중의 경우는 입학후에 수업에 따라갈 수 있을지 없을지가 문제가 되기 때문에 이러한 인맥도 효과가 없다고 한다. 또한 최우수반의 학생이 되면 또 다른 문제가 생긴다. 엘리트로서 대우를 받는 한편, 핵과 미사일 개발에 종사하게 되어 몇 년씩이나 일반회사와는 격리된다. 군사기밀이 외부로 유출되지 않도록 하기 위한 조치지만 인간적인 생활은 할 수 없게 된다. 그런 것이 싫어서 일부러 성적을 올리지 않는 학생도 있는 것 같다. 우수할수록 자유로운 생활에서 멀어진다. 북한 엘리트들을 고민하게 하는 딜레마가 거기에 있다.

'청년 중시'라는 선동정치

백두산영웅청년돌격대.

---

1   랜섬웨어는 '몸값'(Ransom)과 '소프트웨어'(Software)의 합성어다.

김정은이 영웅이라고 칭송하는 젊은이들이 있다. 그들은 북한 최북단 양강도에서 수력발전소 건설에 종사해 13년 넘게 해온 공사를 완공시켰다. 2002년부터 시작한 건설은 영하 30도를 넘나드는 혹한의 기후와 두꺼운 암반 등의 지리적 조건에 막혀 난항에 난항을 거듭해 왔다. 김정은은 2015년 10월 10일의 조선노동당창건 70주년까지 건설을 완공하도록 격문을 띄워 전국에서 건설지원자를 모집하였다. 젊은이의 애국심과 충성심에 호소한 결과 대학생, 군인, 청년단체 등에서 대다수의 젊은이가 건설에 참여하였다. 가혹한 조건 하에서 상상을 초월하는 '속도전'이 전개되어 기념일 1주일 전에 간신히 준공식을 개최하게 되었다.

> "엄동설한에 운반수단까지 얼어붙으면, 각종 썰매로 운송로를 개척한 돌격대원들입니다. 살을 에는 듯한 차가운 서두수[2]의 물속에 뛰어들고 전신이 '고드름'이 되어 레일을 지탱한 결사단원들을 비롯해, 발전소 건설을 위해 몸을 바쳐 일한 청년들의 혁명성과 희생적 정신, 애국심을 앞에 두고서는 누구라도 머리가 숙여집니다."

> "나는 청년돌격대원들의 자랑스러운 투쟁모습을 보고 눈물이 나올 정도로 여러분에게 감사하게 생각하며 여러분 한 사람 한 사람을 저 하늘까지 껴안아 올려드리고 싶은 마음을 억누를 수 없었습니다."

김정은은 돌격대원을 극진히 칭찬하고 완성한 발전소를 '백두산영웅청년발전소'라고 명명하였다.

백두산영웅청년발전소는 2016년까지 3호 발전소를 완성했다고 한다. 세 개의 발전소에서 총합 10만 킬로와트의 출력을 상정하고 주변 지구의 전력부족 해소를 목표했지만 기대한 만큼의 성과는 나오고 있지 않다. 발전소 어느 것이나 완성 직후부터 누수와 댐 벽 붕괴, 발전기능 저하 등의 결함이 잇따라 드러났다. 요란한 선전으로 완공을 널리 알렸지만 제대로

---

2   함경북도 무산군 서부 마천령산맥에서 시작하여 두만강으로 흐르는 강. 길이 164.1㎞

가동되지 않는 것이 실상이다. 본디 건설지식이 없는 젊은이를 대거 동원하여 단기간에 무리해서 완성시킨 결과이므로 부실공사가 횡행해도 이상하지 않다. 대중동원과 속도전에 의한 건설의 폐해가 한꺼번에 분출한 형태라고 말할 수 있다.

한국의 국정원은 2015년 11월, 김정은의 최측근인 최룡해가 함경도 소재의 협동농장으로 쫓겨나 혁명화 교육이라는 사상교육을 받고 있다고 분석하였다. 백두산발전소에서 토사붕괴가 일어나고 누수가 발생한 책임을 추궁 당했다고 한다. 전력부족 해소에는 거리가 먼 결과였지만 그 이후에도 김정은은 '청년중시'의 선전선동 활동을 대대적으로 전개해 젊은이의 충성심과 애국심을 선동하여 건설현장 등으로의 동원을 반복하고 있다.

젊은이 사이에서 김정은에게의 개인숭배가 급속도록 진행되고 있는 것을 실감한 것은 같은 조선노동당 창건 70주년의 송명행진의 취재였다. 김일성광장에서 평양 주변의 학생들 1만 명 이상이 횃불을 손에 들고 장대한 매스게임을 펼쳤다. 행사가 시작되기 바로 직전에 굵은 빗줄기가 쏟아져 식의 시작이 30분 늦어졌다. 언론과 관객들이 가까운 건물 지붕 아래에서 비를 피하고 있는 사이에도 학생들은 그대로 밖에 서 있었다. 기온이 급속히 떨어져 입김이 하얗게 나올 정도로 몸속까지 추위가 스며들었지만 학생들은 흰 셔츠 한 겹만 입은 제복차림으로 견딜 수밖에 없었다.

♪가자, 가자, 백두산으로 가자.

♪우리들을 부르는 백두산으로 가자.

어디선가 환성이 들려왔다. 학생들이 비에 젖은 채 김정은을 찬양하는 노래를 불러 사기를 북돋고 있었다. 20시 30분에 비가 그쳐 드디어 행사가 시작되었다. 그 때까지 학생들의 노래가 계속되었다.

양손에 횃불을 들고 "김정일 동지 만세! 조선노동당 만세!"라고 큰 목소리로 외치면서 행진하는 학생들. 그 후도 '청년전위[3] 청년영웅', '김정은 결사옹호' 등의 슬로건을 외치면서 인파가 물결치듯 광장을 메꾸어간다.

◀ 조선노동당창건 70주년을 기념하여 매스게임을 펼치는 학생들 (2015년 10월)

계단식 단상에 김정은과 내빈으로 중국공산당 상무위원(당시) 류윈산劉雲山이 등장하자, 만세 합창이 터져 나왔다. 도중에 또 다시 비가 억수같이 쏟아졌지만 행사는 계속되었다. 학생들은 비에 흠뻑 젖은 채 동분서주하였다. 절정이 가까이 옴에 따라 열정이 고조되어 몇몇 학생이 눈물을 흘리면서 펄쩍펄쩍 뛰며 김정은 만세를 외쳤다. 색다른 흥분과 도취에 넋을 잃은 것처럼 보였다.

북한에서는 선전선동으로 사람의 마음을 제어하면서 교묘하게 체제를 유지·지속해 왔다. 김정은도 같은 형태의 수법을 취하고 있는데 젊은이를 대상으로 사상교육을 강화하고 있는 것이 특징이다. 젊은 세대에게 김정은에 대한 충성심을 철저히 불어 넣으면서 세대교체를 진행한다. '청소년 중시'는 김정은 체제의 장기화를 노리는 포석이다.

---

3   북한 김일성사회주의청년동맹의 기관지.

2. 북한에서 판문점을 보다

냉전의 최전선 '군사분계선'

한국과 북한의 군사분계선이 있는 판문점에서 2017년 11월 13일, 북한측에서 의심스러운 움직임이 발생하였다. 소형 4륜구동이 맹렬한 속도로 72시간 다리[4]를 통과했다. 북한군 병사의 초소, 판문각 앞에서도 자동차는 멈추지 않았다. 그대로 군사분계선으로 향하고 있었다. 감시카메라가 바뀌자, 군사분계선 10미터 정도 직전에서 차량 바퀴가 배수로에 빠져 꼼짝 못하고 있었다. 판문점 공동경비구역(JSA)에서 경계 중인 북한군 병사가 급히 달려왔다. 그러자 자동차에서 병사가 내려 전력 질주해 한국측으로 도주하였다. 도주를 막기 위해 북한군 병사 4명이 40발을 발사. 도주병은 한국측으로 50미터 정도 들어온 곳에 쓰러져 한국 병사에 의해 구조되었다.

감시카메라가 촬영한 북한 병사의 도주영상은 판문점이 지금도 남북이 대치하고 있는 긴장된 최전선임을 다시 한 번 드러냈다.

'긴장의 JSA! 판문점 투어', '한국과 북한의 경계, 긴박한 북위 38도!'

한국에 여행할 때 이런 투어에 참가해 '판문점'을 방문한 사람도 많을 것이다. 판문점은 1953년 7월에 한국전쟁의 휴전협정이 조인된 장소이고 서울에서 북으로 약 50킬로미터, 개성에서 동으로 약 10킬로미터의 비무장지대(DMZ)에 있다.

한반도를 둘로 나눈 비무장지대는 군사분계선을 따라 남북으로 폭 2킬로미터 씩(합 4킬로미터), 전장 248킬로미터에 걸쳐 설치되어 있다. 그리고 판문점의 비무장지대 안에 JSA가 있고 남북이 공동으로 관리하고 있다. 남

---

4 북한의 판문점 관할 공동경비구역으로 이어지는 다리로 1976년 '판문점 도끼 만행사건' 이후 폐쇄된 사천교를 대신해 72시간 만에 세운 다리이다.

북 분단의 상징이 된 장소다.

판문점의 한국측은 한국군과 미군으로 구성된 UN군이 관리하고 있다. 한국의 투어에서는 무표정한 UN군이 동행해 가끔 2열이 흐트러지지 않도록 주의 받으면서 JSA에서 유일하게 국경을 넘을 수 있는 남북회담장소로 향한다. 남북의 국경선상은 양쪽의 병사가 경계를 서고 있어 긴장된 분위기에 휩싸여 있다. 관광객은 회담장을 견학하고 한국병사 주위에서 사진을 찍고 돌아가는 것이 정해진 코스다.

판문점에서는 북한 땅을 바라볼 수 있는데 산은 나무가 없는 민둥산이고 건물이나 사람도 적고 한산하다. 남북을 가른 이 장소에서 휴전상태가 지금도 계속되고 있는 것과 남북의 경제격차, 식량사정으로 인한 남북한 사람들의 체격 차를 느낄 수 있는 곳이 JSA투어의 묘미라고 말할 수 있다.

JSA를 북한측에서 바라보면 어떻게 보일까? 나는 2015년 8월 17일에 북한측 판문점을 방문하였다.

◀ 판문점에서 경비를 서고 있는 북한 병사 (2015년 8월)

평양에서 약 200킬로미터. '자주통일'이라고 적힌 게이트를 빠져나가면 판문점 입구에 도착한다. 북한 병사가 엄중히 감시하고 있어 남측과는 또 다른 긴장감이 흐른다.

안내하는 병사가 말한다.

"미국은 비무장지대 남측을 오래 전부터 군사지대로 만들어 우리에게 도발을 끊임없이 계속하고 있습니다."

"여러분의 안전을 위해 여기부터는 무장한 병사가 동행하겠습니다."

비무장지대에서 JSA로 향하는 도중에 한국전쟁의 휴전협정 장소, 휴전협정 조인식장이 있어 당시의 모습을 그대로 보존하고 있다.

이어서 JSA로. 판문점 JSA에는 남북이 관리하는 7개의 건물이 있고 그 위에 군사분계선이 지나가고 있다. 여기에서 병사 수가 갑자기 늘어난 것처럼 보인다.

경비 중인 병사는 이렇게 강조했다.

"언제 핵전쟁이 일어나도 이상할 것이 없는 상황이다."

"전쟁을 막으려면 미국과 평화협정을 맺을 수밖에 없다."

북한에서 본 군사분계선. 정면에 있는 콘크리트 건물은 자유의 집이라는 한국 시설이다. 중앙에 파란색 건물 세 동. 그 옆에 하얀색 건물이 세워져 있고 병사가 서 있다. 한가운데에 그어진 폭 40센티미터의 콘크리트 선이 38도선(군사분계선)이다.

북한 병사는 정면과 건물의 바로 옆에 서서 미동도 하지 않는다. 한국측 병사는 북한측 공격을 피하기 위해 건물 뒤쪽에 숨은 듯이 서 있다.

실제로 이때도 남북관계는 극도로 긴장되어 있었다.

같은 달 4일 아침, 20대 한국군 병사 두 명이 경기도 파주시의 한국측 비무장지대를 수색정찰 도중 목함지뢰를 밟아 한 명은 한쪽 발을, 다른 한 명은 양쪽 발을 절단하는 중상을 입었다.

한국군이 조사했더니, 군사분계선에서 한국측으로 440미터 들어간 장소에 있는 감시초소(GP) 동문 부근에서 지뢰 3개가 폭발했다. 지뢰는 새로운 것으로 북한군의 목함지뢰와 일치했다. 현장부근은 병사가 항상 수색정찰하는 장소이고 폭발하기 전까지는 이상이 없었다고 한다. 한국측은 악천후 때문에 3일간 수색정찰을 하지 않았다고 한다. 그러므로 그 사이에 지뢰를 매설했다고 추정하였다. 부근 지형을 보면 남측의 고도가 높아 바람과 비 등의 영향으로 북한에서 지뢰가 이동되어 왔다고 상정하기 어렵다. 한국측은 "우리에게 위해를 가할 목적으로 의도적으로 매설한 것이 확실하다"라며 북한측의 범행을 단정했다.

한국군은 보복조치로 11년 만에 대북 선전방송을 재개하였다. 북한측은 맹렬히 반발하며 한국측에게 포격을 가하고 전선지대에 '준전시 상태'를 포고하였다. 또 선전방송을 중지하지 않으면 군사행동을 취할 것이라고 경고해 극도로 긴장이 고조되었다.

단, 이때는 북한측에서 남북고위급회의 제안이 있어 양측이 판문점에서 협의하였다. 그 결과 ▷ 북한이 지뢰폭발사건에 관해 유감을 표명, 전선지대의 '준전시상태'를 해제한다. ▷한국은 확성기에 의한 선전방송을 중지한다. 이 점에 합의하고 일촉즉발 긴장은 완화되었다.

내가 판문점에 간 것은 바로 이 협의가 시작되기 5일전이었다. 주변에서는 선전방송 소리는 들려오지 않았지만 정막이 흐르는 가운데 형용할 수 없는 긴장감이 감돌고 있었다.

군사분계선을 끼고 남북이 대치해 언제 어떤 일이 일어날지 모르는 판문점. 남북 분단의 상징이기도 한 이 장소에서는 언제나 일촉즉발의 위험과 등을 맞대고 있는 상황이 지속되고 있다.

신경을 곤두세우는 '남쪽의 선전방송'

판문점의 한국측에는 한국군을 중심으로 한 UN군 병사가 상주해 휴전 상태를 감시하고 있다. 한국측 병사는 헌병이라고 적힌 모자와 선글라스를 쓰고 있다. 북한 병사에게 표정을 읽히지 않도록 하기 위함이다. 또 남북 병사는 군사분계선을 넘거나 대화를 해서도 안 된다.

실제로 이 군사분계선 주변에는 남북 모두 사람이 살고 있다. 한국의 경우는 휴전 당시 거주하던 주민의 손자가 살고 있다. 북한측에는 선전용 마을이 있어서 북한의 번영을 과시하기 위한 고층아파트와 공장 등이 세워져 있다고 한다. 이때 남북의 긴장이 고조되었던 것은 한국측이 선전방송을 재개한 일로 북한이 맹비난한 것이 원인이었다.

선전방송이란 어떤 것일까?

한국측의 선전방송은 김정은의 압제 정치와 인권탄압 등을 비난하고 한국의 자유와 풍요로움을 알려 한국의 체제가 우수하다고 선전하는 내용이다. 최신 뉴스와 유행가 등도 흘려 내보낸다. 북한 군인과 주민이 듣게 하여 김정은 체제의 기반을 뒤흔드는 심리전의 일환이다.

실제로 방송을 들은 새터민은 어떻게 느꼈을까?

"실제로 북한에 살고 있을 때에 들은 적이 있습니다. 방송이 들려오는 DMZ(비무장지대) 부근에서 밭일을 하면서 직접 가까이에서 들은 적이 있습니다. 여러 가지 체험을 했습니다.

1980년대부터 계속 해왔던 거죠. 한국이 북한을 향해 방송을 하면 동시에 북한도 지지 않고 대남방송을 계속 해왔습니다. 경쟁하는 거죠.

2004년에 남북이 선전방송을 중지하기로 합의하기까지 DMZ 부근에서 큰 소리로 떠들어 대는 선전방송이 밤낮으로 흘러 나왔습니다. 음량이 매우 큽니다. 소리와 소리의 전쟁이죠.

남과 북 모두 상대방이 내보내는 소리를 막기 위해서는 더 큰 소리를 내보내지 않으면 안 됩니다. 대포를 쏘아 발신음을 없애지 않는 한 소음은 사라지지 않습니다. 그렇기 때문에 서로 음량을 더 크게 내보내는 것입니다. 그렇지만 무엇인가 전달하려고 해도 들을 수 없으니깐 결국 서로 음악을 내보내게 되었죠. 한국측은 한국 노래를, 북한측은 북한 노래를."

이렇게 말하는 사람은 2000년대에 북한을 탈출해 현재는 한국에서 살고 있는 새터민 김성주(가명)다.

김성주에 의하면, 북한 주민은 '농촌지원'이라고 해서 연 2회, 봄·가을에 DMZ 부근의 농지에 동원되어 밭일에 종사한다. 이 때문에 한국측 DMZ 부근에서 들려오는 방송을 자연스럽게 듣게 된다. K-POP 등의 음악뿐만 아니라, 북한 체제에 대한 비판과 탈북을 설득하고 권하는 내용의 방송도 듣게 된다고 한다.

"DMZ 부근의 북한 군인에게는 어둠에 가려진 김정은 체제의 험담이라든가, '조선민주주의인민공화국'에는 존재하지 않는 진짜 민주주의를 강의하듯 방송을 하는 겁니다. 그런 내용들은 북한 주민 대부분은 모르는 내용이죠. 그밖에 한국을 자랑하는 이야기. 한국의 군사력이 이정도로 향상되었다든가."

때로는 탈북자가 한국측 방송을 낭독한다든지, 한국측으로 돌아선 북한 군인이 담당할 때도 있다고 한다.

"방송은 삐라와는 비교도 안 될 만큼 효과가 있습니다. 삐라는 날려 보내 북한 주민의 손에 들어가야 하지만 소리라면 북한 주민이 밭농사를 하면서 모르는 사이에 저절로 귀에 들려오기 때문입니다. 그러는 사이에 자기도 모르게 한국 노래를 흥얼거리게 되어 버리죠. 그러면 한국 노래가 북한 노래보다 친근하고 자연스럽기 때문에 '한국 노래는 좋아'가 됩니다. 그 한국이라는 나라는 어떤 나라인지 호기심도 생기고 서서히 세뇌되어 간다고 합니다."

김성주는 밭일에 동원되었을 때 여대생도 함께 일했다고 한다. 선전방송이 크게 나오고 있으므로 절대 들어서는 안되며 무시하라고 교육받았다. 그러나 지나치게 음량이 커서 듣지 않으려고 해도 듣게 된다. 옆에서 일하고 있는 여대생이 어느 새인가 콧노래로 한국 노래를 부르고 있었던 적도 있었다. 본인은 주위 사람에게서 "당신은 도대체 무슨 노래를 흥얼거리고 있습니까? 한국 노래요?" 라고 지적받고서 처음으로 깨달았다고 한다.

> "군인의 경우도 마찬가지입니다. DMZ 부근의 군부대에서 근무하다가 제대한 지인이 있는데 그 사람의 말을 들으면 군인들을 향해 '이쪽으로 와!' 라고 불러들이는 듯한 방송도 제법 있는 것 같습니다."

방송은 24시간 내내 흘러나온다. 시간대에 맞추어 밤에는 조용한 음악을, 낮에는 화려한 음악이 큰 소리로 울려 퍼진다. 한국가요 이외에도 북한에서는 금지되어 있는 재즈 등의 음악도 있다고 한다.

반대로 북한측은 한국을 향한 선전방송으로 한국식 말투를 사용하고 있다. 여성이 한국식 말투라든가 억양으로 방송을 내보내기도 한다.

김성주의 증언을 들으면, 선전방송은 북측 주민에게 침투력이 강하고 선전 효과가 상당히 있는 것을 알 수 있다. 소리는 자연스럽게 들려오기 때문에 의식하지 않아도 주입되어 버린다. 음악은 귀에 담기 쉽다. 체제 예찬 노래가 많은 북한과 달리, 한국 노래는 친근하기 때문에 그 점에서 한국에 흥미를 가지는 일이 많은 것 같다.

판문점에서 도주해 한국에 건너온 병사도 K-POP 노래를 들었던 것이 한국측으로 망명하게 된 요인이 되었다고 한다.

3. 전력부족은 이것으로 해소

거리를 덮은 태양열 집열판

식량부족과 함께 이 나라의 대명사가 된 것은 '에너지 부족'이다. 북한을 방문할 때마다 정전과 절전 현장을 우연히 접하고 그것을 실감했다.

북한에서는 핵실험과 탄도미사일 발사에 따른 UN 대북경제제재로 심각한 에너지 부족이 지속되고 있다. 이 때문에 직장과 가정에서 철저히 전기 에너지 절약을 실천하도록 호소하고 태양열 집열판이 보급되었다.

평양의 큰길가는 물론, 뒷골목 맨션의 베란다에는 태양열 집열판을 설치한 가정이 적지 않다.

평양을 대표하는 숙박시설인 고려호텔. 45층 건물의 쌍둥이 타워에 500실의 객실이 있다. 객실에는 큰 거울이 설치되어 있는데, 그 거울이 큰 이유는 '이 거울은 요술거울이 아닐까? 안에 사람이 들어가 숙박객을 감시하고 있는 것이 아닐까?' 하는 소문이 뿌리 깊게 박혀 있다.

객실에서 밖을 바라보면 주변 건물의 창에 사각형의 물건이 돌출되어 있다. 모양으로 보아 태양열발전의 집열판인 것 같다. 아파트 같은 빌딩 창에 6대, 또 다른 빌딩에는 온수가열기와 태양열 집열판이 모두 설치되어 있는 것을 볼 수 있다.

평양에서는 도로를 따라 태양열 발전 가로등이 설치되어 있는데 개인주택에도 태양열 집열판이 이용되고 있는 것을 처음으로 확인할 수 있다. 태양열발전 집열판은 주택뿐만 아니라 판문점 등 북한군 시설에도 사용되고 있었다.

김정은이 건설을 진행한 평양의 고층아파트. 전력부족이 심해지면 고층으로 오르내려야만 하는 주민생활에 큰 차질이 빚어진다. 절전은 사활이 걸린 문제다. 이 때문에 호텔을 포함한 고층빌딩의 엘리베이터는 운행시간이 한정되어 야간과 낮에는 일정한 시간 가동되지 않는 곳이 많다. 새로 건설된 려명거리의 초고층 맨션도 태양열을 이용한 절전 설계구조로 되어 있다.

절전은 농촌에도 확산되어 있다. 2015년 8월, 대규모 개수공사를 마친 평양 장천남새(채소)전문공동농장을 방문하였다.

북한은 자유로운 취재가 허락되지 않는다. 반대로 말하면 취재가 가능한 곳은 북한이 지금 제일 선전하고 싶은 장소인 것이다. 북한은 농장 취재를 통해 서구 언론에 무엇을 알리고 싶었던 것일까?

여성 안내원이 설명한다.

"김정은 원수님이 2014년 6월 9일과 2015년 6월 29일 두 차례 오셔서 우리 농장을 전국 규모 농장, 표준농장으로 삼도록 과제를 주셨습니다."

665동의 온실에서는 토마토와 오이, 배추, 고추 등 연간 300톤의 채소를 생산해 평양 시내에 공급하고 있다고 한다.

채소가 재배되고 있는 온실 안에 들어가 보았다. 입구 정면에는 '태양열 온실환경종합측정장치'라고 적힌 전동집열판이 설치되어 있었는데 전원이 꺼져 있었다. 여름인 탓일까. 이때는 가동하고 있지 않은 것 같았다.

고추와 오이가 온실 가득히 재배되어 파릇파릇한 커다란 오이가 여물어 있었다.

김정은은 이 농장을 온실재배의 모델 농장으로 삼으라고 지시하였다. 내가 깜짝 놀란 것은 농장인데, 대지 안에는 수영장과 롤러블레이드장 등 다채로운 레크레이션 시설을 갖추고 있었다.

농장 안의 수영장에서는 아이들이 물장구를 치고 있었다.

"재미있니?" 라고 말을 걸어보았더니 '네'라고 답해주었다.

부모인지 옆에서 아이에게 열심히 수영을 가르치는 남성의 모습도 보였다.

"이쪽 끝까지 헤엄쳐 보렴. 할 수 있겠지? 아이고, 잘 했어. 수영을 제법 잘하는구나."

수영장 옆에는 북한에서 유행하고 있는 롤러블레이드장이 있다. 즐거운 듯 롤러블레이드를 지치는 어린이들은 제법 솜씨가 좋다.

농장에서 일하는 농민들을 위한 상점도 있었다. 식품 이외에 의류품, 일용잡화 등도 즐비하게 진열되어 있었다.

조금 색다른 식품을 발견하였다. 연갈색의 한천 같은 것이 둘둘 말려 있다. '인조고기'라고 불리는 콩 앙금으로 만든 고기 대용품이다. 기름에 튀겨 먹는다고 한다.

병에 든 북한제 미네랄워터도 판매되고 있었다. 발포성으로 목 넘김이 깔끔하다. 약간 소금기가 느껴졌다.

개축하면서 농장에는 약 420세대분의 주택이 새롭게 건설되었다. 어느 집이나 옥상에 태양열발전 집열판과 태양열 온수기를 설치하고 있다. 여기에서도 에너지 부족을 보충하기 위해 태양열 이용이 진행되고 있었다. 아파트는 한 집이 100평방미터, 한 동에 6세대가 살고 있다. 온수기는 6대를 옥상에 달고 태양열발전 집열판은 3층과 2층에 2대씩 놓여있었다.

개성 등 지방도시에서 태양열발전 집열판의 이용은 1층이 현저하다. 공동주택의 창에 집집마다 태양열 집열판이 설치되어 있는 것을 실제로 보았다. 북한에서는 2013년 핵실험으로 인해 제재가 강화되었다. 중국의 대북 원유제공도 압력이 가해져 태양열 집열판을 설치하는 움직임이 가속되었다. 중국과 북한의 국경에 가까운 단둥丹東과 옌지延吉 등에서 태양열 발전기를 구입하여 북한에 가져가는 움직임이 급증했다.

◀ 옥상에 태양열 집열판이 설치된 장천 공동농장에 있는 주택

평양은 수도이기 때문에 전력이 우선적으로 공급되지만 지방에서는 전
력부족이 보다 심각하다. 그런 만큼 태양열발전의 필요성은 높다. 때문에
지방도시에서는 수도인 평양 이상으로 태양열발전이 보급되어 있는 것을
알 수 있다.

메탄가스의 위력

장천남새(채소)전문공동농장을 취재했을 때, 태양열뿐만 아니라 '메탄가
스 발전'도 실제로 보았다.

단독주택 한 곳을 방문해 보니…….

가정 채소밭으로 이용되고 있는 정원에 무엇인가 이상한 것이 있었다.
'메탄가스 탱크'라고 적혀 있다.

땅에 파묻혀 있는 탱크 같은 것은 메탄제조기다. 탱크에 배설물과 음식
물찌꺼기 등을 넣어 발효시켜 나오는 메탄가스를 집안일이나 난방에 이
용하고 있는 것이다. 에너지 부족을 보충하는 대책의 일환으로 북한에서
는 이전부터 농촌을 중심으로 메탄가스 사용이 장려되어 왔다.

현관을 들어가면 바로 태양열 온수기 집열판이 눈에 띤다. 자동제어장
치로 온도가 표시되어 있다. 현재의 온도는 79도. 위쪽에는 태양열 온수
기의 이용방법이 적혀 있다. 온수는 취사와 목욕용으로 언제든지 사용할
수 있다고 한다. 주민은 겨울에도 뜨거운 물이 나온다고 좋아하고 있었
다. 부엌은 타일을 붙여 청결한 느낌이 들었다. 밥을 짓고 반찬을 조리하
는 데에 사용하는 것은 메탄가스다.

이 집에는 농장에서 일하는 부부와 3명의 자녀가 생활하고 있다. 거실
에는 봉제인형이 놓여있는 공부용 책상, 화장품이 놓인 선반, 액정TV와
DVD플레이어 등이 나란히 놓여 있었다. TV도 태양열발전이다.

벽에는 김정일·김일성 초상화. 약 10㎡정도 크기의 침실에는 침대와 천을 덮은 짐이 놓여 있었다. 이 집의 주부는 김정은이 가구도 붙어있는 새 집을 무상으로 제공해 주었다고 말했다.

"우리 일가는 그저 열심히 일했습니다. 이 새 집을 무상으로 주셨습니다. 옛날에 쓰던 물건은 할머니 집에 두고 아무것도 가져오지 않았습니다."

북한에서는 이 농장처럼 자연에너지를 적극적으로 이용하여 에너지 부족을 보충하고 있다. 자위수단이라고도 말할 수 있는 태양열 이용은 이미 빠뜨릴 수 없는 인프라가 되어 있는 것 같다.

수영장이나 롤러블레이드장과 같은 오락시설을 보면 농장이라기보다 유원지 같기도 했다. 농장과 오락시설이 일체화되어 있는 것은 어울리지 않은 어설픈 느낌이지만, 이것도 김정은 방식의 '인민사랑'인 것일까?

4. 원산과 만경봉호

만경봉호의 지금

북한의 화객선 '만경봉호'의 이름이 오래간만에 뉴스에 등장했다. 2017년 5월에 북한 나선에서 러시아 블라디보스토크 사이에 정기운항이 시작되었기 때문이다. 망경봉호는 노후화가 진행되어 폐선에 가까운 상황이었지만 러시아 회사가 운항에 나서 전면 개수되었다. 중국과 러시아의 관광객 유치를 명목으로 주1회 정기운항을 목표로 하고 있었다. 만경봉호는 약 200명의 승객과 1500톤의 화물을 운송할 수 있다. 운항이 궤도에 오르면 북한의 외화획득에 연결되어 UN 제재에서 빠져나갈 구멍이 되는 것은 아닌지 우려가 되었다.

후지TV는 시험운항을 단독 취재하였다.

출항은 오후 5시 반. 블라디보스토크까지는 12시간의 항해다. 승선료는 조식 포함 1인은 한화로 약 8만 5000원으로 설정되어 있었다. 승객은 취재반을 제외하면 러시아인 3명과 일본인 사업가 2명뿐으로 관광객의 모습은 없었다. 객실은 청결했지만 설비는 어느 것이나 전부 낡았다. 욕실은 뜨거운 물이 나오지 않았고 수세식 화장실도 물을 퍼서 흘려보내는 옛날 방식이다.

크게 주목받았던 만경봉호이지만 불과 몇 개월 만에 운항정지가 되고 말았다. 항만사용료 지불이 밀린 것이 원인이다. 그 이후는 화물만 부정기 운항이 되었다.

만경봉호란 어떤 선박인가?

◀ 원산항에 정박한 '만경봉 92호'

1971년에 취항해서 10년 남짓 이 배는 재일조선인이 북한으로 돌아가는 '귀환사업' 운송의 발을 담당해왔다. 일본 니가타新潟와 북한을 연결하는 정기항로는 그 후에도 친족방문과 수학여행, 물자운송에 이용되었고, 1992년부터는 2대째인 '만경봉92호'가 뒤를 이었다.

2006년, 북한이 미사일 발사실험과 핵실험을 강행했기 때문에 일본정부는 만경봉호를 포함한 모든 북한 선박의 입항을 금지하였다. 일본에서

이 선박을 볼 수 없게 된지 10년 남짓한 세월이 흘렀다. 그러나 2014년 5월, 북일협의(스톡홀름 합의)에서 납치피해자를 포함한 모든 일본인에 관한 포괄적인 재조사 합의가 성립되자, 제재의 일부 해제와 더불어 만경봉호에 다시 주목하게 되었다.

원산시는 동해에 있는 인구 약 36만 명의 항만공업도시다. 만경봉호의 모항으로도 알려져 있다. 2014년 6월, 원산 항구에 가보니 만경봉92호가 정박해 있는 것을 확인할 수 있었다. 하역작업을 위해서일까? 배 옆에 빨간색 트럭이 멈춰 있었는데 사람의 모습은 확인할 수 없었다.

페인트칠을 막 새로 한 걸까? 깃발과 갑판의 보트 색이 선명하다.

현지에서는 만경봉호가 일본으로 도항이 재개되기를 기대하고 있었다.

시민에게 물어보니…….

"만경봉호? 알고 있습니다. 조총련 사람들이 일본을 왔다 갔다 하는 배지요. 제 친척도 일본에서 귀국했습니다. 형제도 모두 살아있는데 만날 수 없어서 얼마나 안타까운지 모르겠어요. 하루라도 빨리 운항되길 바라고 있는데 앞으로 어떻게 될까요? 정말로 하루라도 빨리 운항되면 좋겠습니다."(여성)

"일본과 합의한 대로 되겠지요. 잘 해결될 거라고 생각합니다. 일본측이 취하는 조치에 따라서 지금부터 좋아질 거라고 생각합니다."(남성)

"입항금지? 개선되어야만 합니다. 동포가 만나는 것도 어렵잖습니까? 만경봉호를 통해서 상호방문하며 교류하고 있었는데 배가 갈 수 없게 된지 벌써 몇 년이나 되었습니까? 방법이 없으니깐 형제동지가 서로 만나지도 못하고 뿔뿔이 흩어져 살아야 합니다. 기자 분들도 형제가 있지 않습니까? 만나지 않는 게 아니라 만날 수 없는 겁니다. 얼마나 가슴 아픈 일인지 아십니까? 혈육과 만날 수 없는 것은 분명히 일본 정부에게 책임이 있습니다."(남성)

거리 중심부에는 김일성 등의 거대한 회화가 장식되어 있다. 도로 옆에 세워진 일본군 트럭 적재함에는 어린이들이 많이 타고 있었다. 학교버스로 사용하고 있는 것일까? 지붕 대신 비닐이 씌워져 있다. 차가 움직이기 시작하자 어린이들이 우리에게 일제히 손을 흔들어 주었다.

거리를 지나가는 사람들은 모두 가슴에 뱃지(초상휘장)를 착용하고 있다. 중국제 트럭에 섞여 삼륜차와 자전거도 눈에 띤다.

하교 중인 어린이들에게 말을 걸어보니…….

Q. 몇 학년입니까?
A. 2학년

씩씩하게 대답을 해주었다. 사람을 잘 따르는 원산의 어린이들. 항구마을인 탓일까? 외부 사람과 접촉하는 데에 그다지 저항이 없는 것 같다. 원산에서 니가타까지는 1970년대부터 만경봉호가 왕래하고 있었기 때문에 외부 사람의 방문에 익숙해져 있어 개방적일지도 모른다. 만경봉호에 타기 위해 북한 각지에서도 다양한 사람이 모여들고 철도의 요지라는 그 지방의 기질도 있을 것이다.

원산처럼 비교적 큰 도시에서도 역시 수도인 평양과는 상당히 격차가 느껴진다. 특히 트럭에 섞여 목탄차가 달리고 있는 것에 놀라지 않을 수 없었다.

만경봉호는 북한측의 허가가 있으면 일본인도 승선 가능하므로 북한을 방문할 수 있었다. 니가타에서 원산까지는 배로 약 26시간 걸린다고 한다. 예전에 만경봉호는 공작선으로 사용되어 일본에 잠복하는 북한 공작원에게 지령을 내리기 위해 이용되거나 부정송금에 이용되고 있다는 의혹을 받고 있었다.

입항금지 후에도 북한측은 만경봉호가 인도적 목적의 배라고 주장하며 입항허가를 요구했지만 일본측은 응하지 않았다. 만경봉호의 입항은 북한측에 대한 커다란 카드의 하나다. 그러나 납치와 미사일 문제에서 상응하는 진전이 없으면 제재 해제는 곤란하다. 또 입항을 하려면 공작선이라는 의혹을 풀어 줄 것이 요구된다.

'청소년 육성'이라는 그럴 듯한 명목

북한측이 만경봉호의 제재 해제에 집념을 보이는 것은 원산지구의 경제개발에 도움이 되길 바라는 의도가 있기 때문이다. 김정은은 취임 이후 가끔 원산을 방문해 현지지도를 해왔다. 김정은이 유달리 강한 애착을 보이는 어느 시설을 취재하였다.

원산 송도원 국제소년단야영소다.

◀ 송도원 국제소년단 야영소에 전시된 김정은 시찰시의 전시판

2014년 5월, 새로 워터슬라이드와 수족관 등을 만들고 시설도 전면적으로 개축하였다.

캠프장 안으로 들어가자 큰 소리로 김정은을 찬양하는 노래를 부르면서 행진하는 소년소녀들을 만났다. 이름은 야영소지만 실제로는 어린이용 연수원 같은 시설이다. 건물 입구에는 김정일과 김정은이 시찰했던 간판이 내걸려 있었다. 홀은 밝았고 벽에는 '이 세상에 부러울 것은 없다'라고 적혀 있었다.

이 장소는 원래 김일성이 북한 어린이들을 위해 만든 것으로 김정일시대에 해외 어린이들도 수용하는 국제소년단야영소가 되었고 김정은에게 계승되었다.

"김정은 제1서기(당시)를 뵙고 눈물에 목이 매인 학생들의 모습입니다."

북한의 주요 시설에는 반드시 전용 가이드가 방문객과 함께 동행한다.

이 야영소도 예외는 아니다. 김정은이 시찰했을 때의 사진과 시설이 조성된 과정 등이 전시판에 전시되어 있었다.

시찰차 방문했던 김정은을 만나 감격한 나머지 울기 시작한 아이들의 사진도 눈에 잘 보이는 장소에 장식되어 있었다.

그리고…….

직경 1미터는 될 것 같은 거대한 지구본이 놓여 있었다.

김정은 자신이 사용하던 거대한 지구본을 소년소녀들을 위해 이곳에 옮겨 놓았다고 한다. 김정은이 사용하던 세계지도. 거기에는 한반도의 남북이 갈라져 있지 않고 통일된 하나의 나라로 표시되어 있었다. 김정은의 영토에 대한 생각이 엿보인다.

어린이들은 이 장소에서 어떠한 생활을 하는 것일까?

강당에는 합창 연습을 하는 단체가 있었다.

> ♪우리들 300만 소년단의 빛나는 미래이며 행복의 불꽃인
> 경애하는 김정은 원수님
> ♪우리들은 심장에 새겼습니다. 우리들의 밝은 미래도 확실한
> 지원도 원수님의 그 품에서 꽃 피울 수 있을 거라고.

35명의 어린이들이 악기 반주에 맞추어 진지하게 연습에 몰두하고 있었다. 가사 내용은 어느 곡이나 김정은에게 충성을 맹세한 것이다. 김정은 체제가 발족한 이후 김정은을 찬양하는 노래가 연이어 만들어져 교육 현장에도 침투되어 있는 것을 알 수 있다.

이 밖에도 게임을 즐길 수 있는 전자오락실과 3D영화관 등 최신 시설이 갖추어져있다. 게임기 중에는 일본제품인 남코와 세가 등도 있었다. 대북경제제재 때문에 일본에서는 직접 수출할 수 없으므로 제3국을 경유해 온 것으로 보인다.

◀ 합창하는 소년단 어린이들

3D영화관에서는 '조국을 지켜라'라는 제목의 전쟁영화를 상영하고 있었다. 북한군이라고 보이는 전차가 남북의 군사분계선을 돌파하여 한국을 쳐들어가는 모습을 연상케하는 장면도 있다.

캠프에 참가할 수 있는 사람은 전국에서 선발된 성적이 우수한 아이들이다. 체류기간은 약 10일간이고 노래와 그림 등 잘하는 분야에서 영재교육을 받고 각각의 학교로 돌아간다.

숙박시설에는 김정은이 좋아할 만한 디즈니 장식도 꾸며져 있었다. 어린이들을 위한 '배려'는 유소년기부터 청소년기까지 철저하게 계속될 충성교육과 떼려야 뗄 수 없는 불가분의 관계다.

김정은시대에 들어서 원산은 국제관광특구로 지정되어 개발이 진행되고 있다. 소년단야영소의 개장과 더불어 마식령 스키장과 갈마국제공항 등이 연이어 건설되었다. 김정은은 유소년기에 원산의 별장에서 지냈다고 한다. 출생지가 원산이라고 보는 견해도 있지만 확인할 수 없다.

5. 감시하에서의 취재

감시하는 역할을 하는 안내원

지금까지 보아 온 것처럼 북한에서는 자유로운 취재를 할 수 없다. 일본에서 취재단이 북한에 가면 각 회사에 1명씩 안내원을 붙여 제멋대로 취재하지 않도록 엄중히 감시하고 있다.

일본 언론의 수용창구는 '북일교류협회'다. 북한 외무성의 일본과에 소속된 외교관을 중심으로 구성된다. 일손이 부족한 경우에 북한 여행사에서 일하는 일본어 가이드가 충원된다. 텔레비전 쿠르TVcrew, 취재반의 경우는 취재를 위해 한 회사에 1대의 밴박스형 화물 자동차이 준비되고 안내원과 운전기사가 1조가 되어 일하는 것이 보통이다.

안내원은 모두 일본어 실력이 뛰어난데 그 이유는, 일본 기자는 그들에게 중요한 정보원이다. 방문할 때마다 안내원에게서 아베阿部정권과 일본 여론의 동향, 북일관계의 미래 등 매번 질문 공세를 받았다. 그들은 일본 신문과 인터넷, 주간지 등으로 정보를 수집하고 있기 때문인지 일본의 정치정세 등은 놀랄 만큼 자세히 알고 있다.

그러나 그런 그들에게도 실제로 일본인과 직접 접촉할 기회는 적고 일본 언론과의 교류는 일본인의 사고방식과 정서에 직접 접촉할 귀중한 기회라고 할 수 있다. 북한이라는 사회에서 단기간에 직위가 높아지려면 외국어는 중요한 무기가 되지만 그 능력을 활용할 수 있을지는 그때마다의 두 국가 간의 관계에 크게 좌우된다.

2002년의 고이즈미 준이치로小泉純一郎 총리(당시)의 방북에 의해 북한에서는 북일관계 개선에 크게 기대가 모아졌다. 그러나 납치문제를 둘러싸고 대립이 깊어지자, 외무성 관계자를 많이 배출한 평양외국어대학 등에서 일본학과의 인기는 급강하하였다. 일본어 대신 장래성이 있다고 간주되는 언어는 중국어다. 그렇다고 하더라도 대학에서의 전공은 학생이 자유롭게 선택할 수 있는 것이 아니라 시험 결과에 따라 학교측에서 결정한다. 북한 외무성에 막 입성한 여성 외교관은 대학에서 일본어 전공이 결정되었을 때, 학우로부터 한 단계 아래 취급을 받아 '억울했다'고 말했다.

아무리 상대가 일본어를 말하고 있다고 해서 그들과 말할 때에는 '북한'이라고 말하거나, '김정은'이라고 부르지 않도록 주의해야 한다. 한국에서 사용하는 '북한'이라고 하는 것은 당치도 않다. 가능한 한 그들이 사용하는 '조선', '공화국'이라는 말을 사용하려고 애썼다.

북한에 들어가면 여권은 안내원에게 맡겨야만 한다. 단어의 느낌은 나쁘지만 어느 의미에서는 '인질'과 같은 상태이기 때문에 신경을 쓰지 않을 수 없다.

안내원과는 1~2주간, 꼭 붙어 다니며 함께 지내기 때문에 관계가 원만하지 않으면 취재에도 악영향을 미친다.

감시하는 쪽도 필사적이다. 자신이 담당하는 언론이 문제를 일으키면 엄하게 책임을 추궁당하고 경우에 따라서는 좌천되기도 한다. 간첩용의로 추궁당할 우려도 있다.

그들이 특히 신경을 곤두세우는 것은 군인, 공사현장, 그리고 가난함이 배어있는 영상을 촬영하는 것이다.

평양 '문수 물놀이장'이라는 거대한 온수 수영장시설을 개장하여 해외 언론에게 공개했을 때의 일이다.

취재하러 가보니 군인이 대거 견학하러 와 있었다. 수영장 건설에 수많은 군인이 동원되었기 때문에 완성 후에 위로를 겸해서 견학이 허락된 것이었다. 수영장에 군인이라는 이색적인 장면에 일본 언론은 일제히 카메라를 돌리기 시작하였다. 그런데 촬영을 즉시 저지당했고 촬영한 영상을 방송하는 일도 금지당했다.

우리의 취재와 같은 시간대에 군인이 방문해 있는 것을 외무성 관계자도 파악하지 못했다. 군과의 연락계통이 전혀 별개인 것과 외무성이라도 군에게는 절대 거역할 수 없다는 것을 잘 알 수 있었던 장면이었다.

또 하나 안내원이 몸과 마음을 다해 존중해야만 하는 것이 '최고 존엄', 즉 김씨 일가에 대한 대우다.

북한의 기념비적인 건설물을 취재하면 대개는 거대한 김일성·김정일 동상이 설치되어 있다. 이상하게도 외부에 전시되어 있는 동상이나 벽화는 촬영이 가능하지만, 건물 내부에 놓여있는 최고지도자의 모습이나 사진에 관해서는 촬영이 금지되어 있었다. 예를 들면, 1장에서 취급한 '조국해방전쟁승리기념관'(한국전쟁 유물전시관)에는 김일성·김정일의 거대한 밀랍인형이 전시되어 있다. 대단히 정교하게 만들어져 있어 동상과는 또 다른 사실성이 있지만 촬영은 금지되었다.

또 앞에서 말한 물놀이장 입구에는 해변을 본 떠 만든 배경에 점퍼 복장의 김정일 동상이 세워져 있었다. 해변에는 어울리지 않은 복장의 김정일 모습이 인상적이고 TV에 내보내고 싶은 멋진 영상이었지만 이것도 촬영금지였다. 북한 언론에서는 영상이 공개되었는데 왜 제한하는 것인지 모르겠다.

또 하나, 촬영할 수 없어 유감스러웠던 것이 지도자의 승마장면이다.

북한 기록영화에는 백마에 씩씩하게 올라 탄 김정일과 김정은의 모습이 자주 등장한다. 2013년에 완성된 '미림승마클럽'에는 김왕조 3대의 지도자와 승마에 깊은 관련이 있는 기념관이 설치되었다. 김정은도 어릴 적부터 승마와 친숙하다. 아버지 김정일과 함께 승마를 즐기는 사진과 승마의 마음가짐을 기록한 '말씀' 등이 전시되었다. 북한의 지도자에게 승마는 떼려야 뗄 수 없는 것임을 알 수 있다.

그러나 이 전시관도 내부는 촬영금지다. 북한 나름대로의 기준이 있는 것인지, 혹은 관계부서가 알아서 배려해주고 있는 것인지. 선긋기가 불투명하기 때문에 모르는 사이에 꼭 지켜야 할 선을 넘어 버릴 우려도 있다. 북한취재의 두려움이다.

TBS기자가 일시구속

2012년 말에 제2차 아베정권이 탄생하자, 북한과 일본의 관계에도 전환의 시기가 찾아왔다.

아베 총리는 납치문제 해결을 최우선으로 내걸고 교착상태가 이어지고 있던 북일협상이 재개되기 시작했다. 2014년 5월에 스웨덴 스톡홀름에서 개최된 정부간 협의에서는 납치피해자를 포함한 모든 일본인에 대해 북한이 조사를 실시하기로 합의하였다. 일본측은 대북제재의 일부해제를 약속하고 납치피해, 특정실종자, 재류일본인, 유골문제 등 4개 분과회로 조직된 특별조사위원회가 설치되었다. 그러나 북한측은 '여름이 끝날 때부터 가을 초'라던 재조사 최초 보고를 일방적으로 뒤로 미루었다.

일본측은 조사 상황을 확인하기 위해 10월에 방북단을 파견해 특별조사위원회와 면회하였다. 일본정부의 대표단이 방북한 것은 10년만의 일이다. 외무성 기자 그룹을 중심으로 동행기자단이 결성되어 나도 베이징에서 참가했다.

이때의 기자단 수용처는 북일교류협회가 아닌 조선노동당 광보위원회였다.

두 나라간 교류와는 달리, 당이 직접 관여하고 있는 것을 의미하는 것으로 그 만큼 규제도 엄격해졌다. 특별조사위원회는 북한의 비밀경찰에 해당하는 국가안전보위부(현재 국가보위성)의 간부가 주요구성원이고 낯익은 안내원들도 여느 때보다 긴장한 분위기였다.

특별조사위원회는 평양 중심부를 흐르는 대동강 근처에 있는, 그때까지 '출입국관리사무소'로 사용되고 있던 건물 2층에 사무실을 꾸리고 있었다.

입구에는 금색 글씨로 '특별조사위원회'라고 한글과 영어로 적힌 간판이 걸려 있었다. 실제 있는 조직이라는 것을 일본측에 알리려는 의도도 있었을 것이다.

협의 전, 북한측의 서대하 위원장이 입구에서 일본측 단장인 이하라 준이치伊原純一 아시아대양주 국장을 마중하였다. 북한의 비밀경찰 간부가 카메라 앞에 얼굴을 내보이는 것은 전례가 없는 일이다. 후한 인사치례는 했지만, 한편으로 위원장의 집무실은 규모가 작아 응접 쇼파에 앉을 수 없는 사람은 철제 파이프 의자에 걸터앉아서 협의를 시작하였다. 책상에는 클리어 파일 몇 권과 전화가 놓여 있고 벽에는 한반도 지도가 걸려 있었다. 이 장소에서 실제로 실무를 하고 있다고는 도저히 생각할 수 없는 썰렁한 방이었다. 2층에는 분과회별로 나뉜 방도 있고 벽에는 '김정일 애국주의를 구현한 부강조국건설을 완성하자!' 라는 선전문구가 내걸려 있었다.

예상하지 못한 사태가 벌어진 것은 2일째 아침의 일이다. 이른 아침 호텔 내에 설치된 프레스센터에 내려가자, 일본과 북한의 외무성 프레스 담당자가 언쟁을 하고 있었다.

북한측은 다음과 같이 주장하고 있었다.

"어제 권력투쟁이라고 보도한 방송국이 있다. 어째서 그런 것을 일본인이 알 수 있는가? 이상하다고 생각하지 않는가? 김정은 제1서기(당시)의 지도 아래 권력투쟁 따위는 있을 수 없다. 외무성에서도 TBS[5]에게 그 점에 대해 주의해 달라."

이것에 대해 일본측은 이렇게 반론했다.

"우리들은 각 언론사의 보도내용에는 관여하지 않는다. 애당초 그 보도도 보지 않아서 모른다."

TBS의 보도에 뭔가 문제가 생겼구나! 라는 느낌이 들었다.

특별조사위원회에 대해서는 일본에서도 관심이 많아 동행한 각 TV국은 평양에서 첫날의 협의 모습을 생중계로 보도하고 있었다. 생중계 때는 북한측 안내원이 반드시 합류한다. 그들은 방송내용을 그 자리에서 듣고 어떤 내용이었는지 매번 상부에 보고하고 있다. 북한에서 보고 문제가 있는 내용이 포함되어 있으면 종료 후에 그 자리에서 주의를 받거나 나중에 불려가 불평을 듣는 일도 있다. 주의를 주는 것으로 끝나면 취재는 그대로 계속할 수 있으므로 그때 그 자리에서는 그 정도로 큰 문제가 될 거라고는 생각하지 않았다.

집합시간이 되어 차에 타고 대기하였다.

그러나 갑자기 TBS기자만 차에서 내리라고 하였다. 북한측이 취재에 참가시키지 않겠다고 말하는 것 같다. 북한 말에 능통한 일본 외무성 프레스담당자도 당황하여 뒤를 쫓았다. 무슨 일이 벌어졌는지 알지 못한 채 우리 일행은 2일째의 협의를 취재하러 출발하였다. 오전 중의 취재가 끝나고 호텔에 돌아와 차츰 TBS기자가 처한 상황을 명확히 알게 되었다.

---

5   간토(関東)광역권 방송사업자. 株式会社TBSテレビ

북한의 경찰기관에서 온 남성에게 불려가 별실에서 조사를 받고 있었다.

남성은 느닷없이 큰 소리로 TBS의 보도를 질책하고 통역사가 그것을 일본어로 통역했다. 굉장한 기세였다고 한다.

기자는 신체의 자유는 보장되어 본사와의 연락도 가능한 상태라고 알려졌다. 그렇지만 일본측 동행기자단에게는 긴장이 감돌았다. 최악의 경우, 해당기자가 구속되어 귀국할 수 없게 될 가능성도 있기 때문이다.

북한측이 특히 문제로 삼은 단어는 '권력투쟁'이었다.

평양에서의 중계보도 중에 앞으로의 북일협의에 관해 "김정은 제1서기의 동정과 북한 내의 권력투쟁 등 국내 사정의 영향도 있고, 교섭의 행방은 불안정한 점이 크다고 할 수 있다"라고 기자는 보도했던 것이다.

중계 전의 VTR에서는 한국 국정원의 정보로서 김정은은 발 부위의 병이 재발할 가능성이 있다는 것과 군 간부의 숙청을 언급하고 있었다. 김정은의 권력기반이 불안정한 것 같다는 내용이 북한측의 역린을 건드린 것 같았다.

최고 존엄에 관한 한국 정보를 평양에서 전하는 것은 극히 위험한 일이다.

당시의 한국은 박근혜 보수정권으로 남북관계는 냉각되어 있었다. 한국측에 서 있다고 오해받으면 '스파이 취급'을 받을 수 있다. 게다가 우리의 보도는 항상 북한 당국이 체크하고 귀국할 때까지의 신병은 북한 당국의 통제하에 있기 때문에 더욱 주의가 필요하다.

TBS기자를 심문했던 기관은 비밀경찰인 국가안전보위부였다고 한다. 보통 우리들이 안내원과 외무성 관계자로부터 주의 받는 것과는 수준이 다르다. 인정사정없다.

일본정부 대표단은 오후의 협의에서 TBS기자의 안전 확보를 북한측에 요청했다. TBS기자는 동행기자단에게 메시지를 보내왔다.

"여러분에게 심려를 끼쳤습니다. 북한 당국으로부터 여러 심문을 받았습니다. 지금도 계속 추궁당하고 있습니다. 해결되었다고는 말할 수 없습니다. 나도 여러분과 함께 돌아가고 싶습니다. 지금은 그러한 상황이기 때문에 더 이상은 설명할 수 없습니다."

결국 오후 늦게 기자가 돌아왔다.

저녁 뉴스에서 해명을 하는 것으로 일단 북한측과 합의했다는 것이다.

북한측도 한창 북일협의 중이므로 이 문제를 더 이상 확대하는 것은 이득이 아니라고 판단했을 것이다. 다소 창백한 낯빛이 기자의 입장을 말해주고 있었다.

북한측이 최고지도자인 김정은을 존중해야하는 것은 이해한다.

그러나 외국인에게 그것을 강요하는 것은 무리가 있고 이런 억압적인 대응을 취하는 북한의 방식은 분노를 금할 수 없다. '보도의 자유'가 없는 상황 속에서 취재의 어려움과 답답함을 뼈저리게 느꼈다.

까딱하면 추방, 섬뜩한 순간

이렇게 말하는 나도 실은 북한에서의 취재 중에 섬뜩한 체험을 했다.

당창건 70주년이었던 2015년 10월, 나는 이 관련 행사를 취재하기 위해 평양을 방문하였다. 그 때 궁금했던 것이 전년도에 취재했던 납치문제 등을 조사하기 위한 특별조사위원회의 동향이었다. 이때는 특별조사위원회 설립에서 1년 이상이 지난 시기였다. 그런데도 조사결과가 전혀 발표되지 않았다. 특별조사위원회는 그 후 어떻게 된 것일까…….

나는 당창건 관련 취재 마지막 날 저녁에 북한측 허가를 받고 평양의 명소를 돌아보기로 했다.

북한 외무성의 외관, 만수대 언덕에 세워진 김일성·김정일의 거대한 동상 등을 촬영한 후 호텔로 돌아오는 도중에 이 특별조사위원회 건물에 들러주길 부탁했다.

건물안으로는 들어갈 수 없었기 때문에 담장 밖에서 울타리 너머 건물 입구를 관찰했더니 아직 간판이 있는 것을 확인할 수가 있었다.

건물 1층에는 사람이 있는지 불빛이 보였다.

담장 밖에서 간판이 잘 보이는 장소를 찾아 재빨리 촬영을 시작했다. 만약을 위해 카메라맨에게 건물을 배경으로 나를 촬영해 달라고 하고 "특별조사위원회가 있는 건물 앞에 와 있습니다"라고 보도하였다. 짧은 시간 내에 끝내려고 했지만 그렇게 할 수 없었다. 때문에 지나가던 사람이 가던 길을 멈추고 무엇을 하고 있는 것인지 관찰하기 시작했다.

그러자 안내원이 황급히 말을 걸어왔다. "사람이 모여 들었으니 빨리 돌아갑시다." 꽤 초조해하고 있는 모습이었다.

일단 호텔로 돌아와 다음 취재를 위해 로비에 집합하였다.

그러자, 거기서 우리 안내원이 상사 두 명과 무엇인가 대화를 나누고 있었다. 표정이 어두웠다. 상당히 화를 내고 있는 모습이었다. 그러고 나서 안내원이 울 것 같은 표정으로 우리에게 왔다.

"특별조사위원회의 취재를 하고 있었지요? 그 건으로 꾸중 들었습니다. 그때의 영상은 전부 지워주세요."

내가 무엇을 잘못했는지 물어보자, 다시 울 것 같은 표정을 지었다.

"상사로부터 '주민이 통보가 있었다'라고 지적받아 호되게 주의 받았습니다. 저는 담장 밖에서 촬영했기 때문에 괜찮을 거라고 생각했는데 어쨌든 '북일관계에 걸린 문제이기 때문에 안 된다'라는 말을 들었습니다. "영상을 전부 지워주십시오."

안내원은 심하게 동요하고 있었다. 아마 이 문제를 해결하지 못하면 상당한 타격을 입게 될 것이다.

우리가 북한을 떠난 후에도 그들은 여기에서 계속 생활을 해야만 한다.

우리가 한 취재 때문에 안내원은 배치가 전환되기도 하고 직업을 잃을 가능성도 있다. 영상 하나 때문에 그녀의 앞길이 바뀌어 버리는 것은 가엾다. 결국 영상을 지우기로 동의할 수밖에 없었다.

그날 밤은 김정은이 만든 새로운 음악그룹 '청봉악단'의 공연이 있었다. 모란봉악단이 미니스커트를 입은 아이돌 그룹이라고 한다면 청봉악단은 조금 어른스러운 느낌의 롱드레스를 차려입고 차분하게 노래하는 스타일이다. 북한에서도 인기상승 중인 그룹으로 입장권도 구하기 힘들다고 한다.

그렇지만 안내원은 공연 내내 계속 한숨만 쉬고 있었다.

"광보위원회가 엄격합니다. 그렇지만 북일교류협회 분들도 전혀 감싸주지 않았습니다. 결국 모두 내 탓이 될 것 같아 무섭습니다."

안내원은 이렇게 우는 소리를 했다.

부하를 두둔해서 불벼락 맞고 싶지 않을 것이다. 밀고가 일상다반사인 북한 사회에서는 언제 어디서 누가 딴죽을 걸지 알 수 없다. 타인을 두둔할 여유 따윈 없다.

"우리 탓으로 폐를 끼쳐 미안합니다. 내가 상사에게 사과하겠습니다."

이렇게 말하고 공연이 끝나자마자 곧바로 상사가 있는 곳으로 동행했다.

"폐를 끼쳐 죄송합니다. 특별조사위원회에 관해서는 일본에서도 현재 상태에 관심이 많아서 담장 밖에서 촬영을 했습니다. 밖에서 촬영하는 것이므로 문제가 없다고 생각했습니다만, 안 된다고 하시니 영상을 지우겠습니다."

그러자, 광보위원회의 관계자는 이렇게 말했다.

"주민에게서 뭔가 수상한 사람이 촬영을 하고 있다는 통보가 왔습니다. 특별조사위원회는 북일관계에서 민감한 문제입니다. 이번은 특별위원회의 취재가 아닙니다. 영상을 사용하면 나중에 당신들이 취재하러 오지 못할 수도 있습니다. 조심해주시오."

말은 정중했지만 강한 위압감이 있었다.

특별조사위원회가 사실상 기능정지상태가 되어있는 것을 보도하고 싶지 않을 것이다. 북일관계에 악영향을 줄 수 있는 취재를 하락한다면 그들 자신에게도 영향이 미칠 것이라고 생각하고 있는 것 같기도 했다.

그러고 나서 안내원의 입회하에 영상을 지웠다.

이 안내원은 후지TV의 담당을 많이 해서 친밀한 사이였다. 이동 중이나 식사 자리에서 아이 교육과 가정의 고민, 일본어 가이드 일 등에 관해 서슴없이 응해주어 선전선동이 아닌 북한의 일상을 느끼게 해주었다.

이듬해 당대회 취재로 방북하니, 이 안내원은 후지TV 담당에서 제외되어 있었다. 또 특별조사위원회는 2016년 2월에 일본이 대북 독자제재를 결정한 것에 대항조치로 해체되었다.

BBC기자 추방과 통제강화

취재 중에 기자가 구속되는 사태는 그 후에도 계속 되었다.

2016년 5월의 당대회 때에는 해외 언론 120여 명이 평양에 도착했다. 제2장에도 다루었듯이 당대회 자체의 취재는 일부의 언론만 극히 짧은 시간 공개되었다.

당대회 마지막 날인 9일 오후, 프레스센터에 대기하고 있던 기자에게 정보가 전해졌다.

영국의 공영방송 BBC 기자가 당국에 구속되었다.

프레스센터는 떠들썩해졌고 기자들로부터 질문이 이어졌다. 도대체 무슨 일이 있었을까?

구속된 사람은 BBC 도쿄특파원 루퍼드 윙필드 헤이스 기자였다.

이 기자는 당대회 그 자체의 취재가 아닌 노벨상 학자와 북한 방문에 동행해 프로듀서와 카메라맨과 함께 4월 29일부터 북한에 들어가 평양 각 지역을 취재하고 있었다. 취재를 끝낸 6일, 공항을 나가려고 할 때 북한측에게 구속되었던 것이다. 처음부터 구속 이유는 모른 채 공항에서 갑자기 불러 세웠다고 한다.

기자가 구속되었기 때문에 BBC의 프로듀서와 카메라맨은 평양 시내의 호텔로 돌아와 대기하였다. 한편 북한측은 중국 국영 신화사통신 등 평양에 상주하는 언론을 대상으로 기자회견을 열고 BBC기자의 구속에 관해 '현실을 왜곡하고 부당한 보도를 했기 때문'이라고 설명하였다.

BBC기자의 취재 어디가 문제가 되었는지는 확실하게 알지 못한다. 다만 BBC 웹사이트 등을 보면 김일성 동상 앞에서 보도를 해 안내원에게 저지당하는 장면을 일부러 보도하기도 하고 소아병원에서의 취재에서 "병원의 환자는 모두 거짓 환자이며 실상은 건강한 어린이를 모았다"라고 단정하는 등 북한측의 신경을 건드린 것 같은 보도를 되풀이 하고 있었다.

북한측 관계자에 의하면, 기자가 북한 주민생활과 풍습을 근거 없는 말로 헐뜯어 이미지를 손상시킨 것과 출국할 때 저항한 것이 문제가 되었다고 한다. 안내원이 몇 번이나 항의했는데도 불구하고 말을 전혀 듣지 않았다는 이유도 있는 것 같다. 아마 북한 취재에 대한 인식이 부족했던 것은 아닐까?

결국 BBC기자는 8시간의 심문을 받은 후 사죄문을 쓰고 퇴거처분 되었다. 이날 밤 평양에서 베이징에 도착한 BBC기자는 카메라에 둘러싸여 "북한을 떠나와 기쁘다"라고 짧게 말했다.

김정은 체제하에서 해외 언론을 대거 수용한 2013년 당시와 비교하면 취재통제가 엄격해졌음을 새삼스럽게 실감할 수 있었다.

덧붙여 말하면, 나는 이때가 '특별조사위원회 촬영사건' 이후 첫 북한 취재였지만 특별히 문책은 없었다. 그러나 후지TV 담당 안내원이 지금까지의 여행가이드에서 북한 외무성의 중견외교관으로 바뀌어 있었다. 이 사람은 매우 엄격했고 취재하는 짬짬이 "추방하겠습니다"라고 몇 번이나 겁을 주었다. 농담인지 진담인지 몰라서 난처했다.

북한에서는 자유로운 취재가 불가능하다고 중계 도중에 말했을 때에는 한밤중에 호출을 당했다. "저런 보도는 좋지 않습니다. 그만두지 않으면 출국시켜버릴지도 모릅니다. 보증할 수 없습니다." 이렇게 엄하게 통보받았다.

김정은의 공포정치가 진행되면서 언론규제는 강화일로를 걷고 있다. 2014년경까지는 단기간이라도 개별 취재가 인정되었지만, 2015년 이후는 단체행동이 기본이 되었다. 해외 언론에게 북한 비판을 허락하면 그 담당자들은 김정은에 대한 충성을 의심받을 수 있다. 자신의 몸을 지키기 위해 스스로 규제하고 책임을 회피하는 그런 분위기가 만연하고 있는 것 같다.

공포의 인질외교

마이크 앞에서 눈물을 흘리며 말하는 젊은 미국인이 있다. 양손을 모으고 신에게 기도하며 하늘을 우러러본다. 뒷쪽 벽에는 김일성·김정일 초상화가 걸려있고 주위에는 북한 사람이있다. 이 이상한 기자회견의 장본인은 버지니아대학의 학생이었던 오토 웜비어[6]다. 2017년 1월, 관광차 북한에 갔다가 갑자기 체포·구속되었다.

회견에서 웜비어는 미국 정부와 관계가 있는 '우애연합감리교회'의 관계자로부터 북한의 정치선전물을 가져가면 그 대가로 1만 달러 정도 하는 중고 자동차를 받기로 했다고 '고백' 하였다. 더욱이 "정치선전물을 없애고 북한 사람들의 단결과 정열을 약화시켜 서구에 의해 이 나라가 모욕

---

6 2015년 12월 평양 여행을 간 미국의 대학생이다. 2017년 6월, 혼수상태로 귀국했고 며칠 뒤 결국 사망했다.

당하는 것을 보여줘야 한다"라고 생각하고 양각도호텔의 종업원 구역에서 정치선전물을 떼어냈다고 스스로 '죄'를 인정하였다.

북한 당국은 웜비어가 호텔 벽에서 무엇인가 떼고 있는 감시카메라의 영상을 공개하고 재판에서 국가전복음모죄에 의한 노동교화형 15년을 선고하였다. 특별교화소에 수용된 웜비어는 수형자로 1일 14시간 이상의 강제노동에 종사하게 되었고 복역을 시작하자마자 곧바로 혼수상태에 빠졌다고 한다.

같은 해 6월, 웜비어의 건강악화를 알게 된 미국 정부의 윤 북한특별대표가 방북했고 웜비어는 석방되었다. 귀국 후에는 오하이오 병원에서 치료를 받았지만 의식을 되찾지 못한 채로 1주일 후에 사망하였다.

북한측은 웜비어가 보툴리누스[7] 중독으로 수면제를 복용한 후에 혼수상태에 빠졌다고 주장했다. 한편, 미국에서 치료를 담당한 의사는 '심각한 뇌손상'을 입었는데 원인은 밝혀지지 않았다.

트럼프 미국 대통령은 "그는 1년 반 북한에서 지냈다. 나쁜 일이 많이 일어났다. 그는 방금 전에 사망했다. (북한은)잔혹하다"라고 말하고 북한의 대응을 강력하게 비판하였다. 가족은 "북한에서 당한 고문 같은 취급에 의해 이렇게 슬픈 결말을 맞았다"라고 성명을 발표했다. 미국 국내에서 북한에 대한 반감이 단숨에 강해졌다.

북한측은 "건강상태가 악화한 것을 고려해 미국에 돌아갈 때까지 성의를 다해 치료했다"라고 설명하였다. 구타와 고문을 받았다는 설은 '사실무근'이라고 부정하고 "우리들은 최대의 피해자다"라고 변명했다. 북한에는 지금도 3명의 미국인이 구속된 채로 있으며 미국 정부는 지속적으로 석방해 줄 것을 요구하고 있다.

---

7   주로 햄·소시지·육류 통조림 등에서 발생한 식중독 세균이다.

외교거래를 위해서 '인질'을 잡는 것은 북한의 상투수단이다. 어떠한 혐의라도 씌워 구속하고 외교거래의 재료로 삼는다.

북한은 과거에도 '인질외교'를 반복해왔다.

예를 들면, 1983년의 제18 후지산마루富士山丸 사건[8]. 선장과 기관장에게 엉뚱한 스파이 용의를 덮어씌워 7년간이나 구금하였다. 고문과 같은 가혹한 처사와 가족의 안전을 위협하는 듯한 협박도 있었다고 한다. 1990년에 당시의 가네마루 신金丸信 전 부총리(자민당)와 다나베 마코토田辺誠 사회당 부위원장이 방북하였다. 가네마루 신이 김일성과 직접 담판하여 석방이 결정되었다. 이때 북한은,

- 북일국교정상화 협상 개시
- 한반도 분단 후 45년에 대한 보상 (전후보상) 약속

등의 보상을 일본에게서 얻어내는 데 성공하였다.

기억에 새로운 것은 2009년에 미국 TV국에서 근무하는 여성기자 2명이 구속되었다. 북한측은 두 명이 중국 국경을 취재하던 중에 위법으로 북한에 들어왔다고 체포, 불법 국경출입 등의 죄로 노동교화형 12년을 선고하였다. 이때는 클린턴 전 대통령이 방북해 김정일과 직접 교섭에 임해 특별사면으로 석방되었다. 그 후 긴장한 표정의 클린턴과 웃는 얼굴의 김정일 두 사람이 나란히 찍은 사진이 공개되어 북한에게는 절호의 선전이 되었다.

인질을 이용해 상대를 협상 테이블에 끌어내 이익을 쟁취한다. 이러한 북한 외교의 상투적 수단은 김정남 암살사건 때 말레이시아에서도 이용되었다. 평양에 주재하고 있었던 말레이시아 대사관 직원 9명의 출국을

---

8 1983년 11월, 북한 병사가 남포(南浦)에 정박 중인 제18 후지산마루에 잠입하여 일본으로 밀항 망명했다. 12월에 이 선박이 다시 입항했을 때 북한 당국이 이 배를 나포, 1987년 12월 교화노동형 15년의 판결을 선고했다.

금지해 사실상의 인질로 삼았던 것이다. 결국 북한측은 쿠알라룸푸르의 북한대사관에 있던 용의자 두 명의 국외 퇴거와 맞바꾸고 말레이시아 대사관 직원들의 귀국을 허가하였다. 김정남 암살사건의 진상해명은 '인질교환'으로 마무리 된 것이다.

말레이시아는 북한에게 특별한 국가였다. 비자가 필요 없고 공작원도 자유롭게 왕래가 가능한 이점이 있었다. 1000명 가까운 북한노동자도 파견하여 외화벌이의 거점이기도 하고 동남아시아의 '전선기지'로서 가치가 많던 곳이다.

한편 말레이시아측에서 보면 북한과의 경제관계는 깊지 않다. 북한과의 무역액은 전체의 0.002퍼센트정도다. 암살사건의 수사가 한창일 때 나지브 말레이시아 총리는 "단교할 생각은 없다"라고 표명하였다. 그러나 예전 같은 우호관계로 돌아가는 것은 쉽지 않을 것이다.

김정남 암살사건에서는 북한도 큰 외교적 손실을 입었다. 현장의 외교관들은 국제적 감각을 갖고 자신들이 놓인 상태를 이해하고 있을 것이다. 어째서 분명히 손해라고 판단되는 행위를 강행하는 것일까……. 여기에도 김정은의 독재체제가 강화된 영향이 있다.

'김 위원장의 심기를 거스르지 않도록'

이것이 외교의 최대 판단기준이 되어 있는 것이다. 대국적인 판단이 필요할 것 같은 외교정책이 지도자에 대한 충성경쟁에 좌우된다. 정책은 강경한 방향으로 진행되어 타국과의 대립이 더욱 결렬해진다. 북한은 외교면에서 앞으로도 한층 속수무책 상태에 빠지게 될 것 같다.

6. '흰쌀밥과 고깃국'은 어디에 — 지방과의 격차

성묘 취재에서 본 지방의 어렵고 궁한 상태

제2차 세계대전 중 한반도는 일본의 식민지 지배하에 있었고 많은 일본인이 현지에서 생활하고 있었다.

태평양 전쟁이 끝난 직후의 혼란기에 병이나 기아 때문에 한반도 북부에서 약 3만 4000명의 일본인이 사망했다고 한다. 그 중에 약 2만 구의 유골이 지금도 현지에 남겨진 채 그대로 있다.

북한은 2012년 여름에 전쟁 이후 처음으로 북한에 있는 일본인 묘지에 성묘객을 받아들였다. 그 목적은 무엇이었을까?

하나는 인도적 입장을 전면에 내세워 북일협상 재개의 길을 꾀하는 것.

다른 하나는 한 마디로 유골 비즈니스다.

북한은 1990년부터 미국과 합동조사팀을 꾸려 한국전쟁에서 전사한 미군의 유골 수색과 반환을 실시해 왔다. 미국은 유골의 수색과 발굴작업의 비용으로 유골 1구당 약 2만 달러를 북한에 지불해 왔다. 미국과 북한 사이에 국교는 없지만 유골 반환은 인도적 문제이다. 똑같이 국교가 없는 북한과 일본 사이에도 인도적 문제라면 교섭이 가능하다.

더욱이 일본인 묘지와 위령장소의 정비에 드는 비용, 유골 수색과 발굴에 소요되는 비용 등을 북한에 지불하게 된다. 거듭되는 탄도미사일 발사와 핵실험으로 엄격한 대북경제제재가 가해지는 가운데 북한은 합법적인 외화벌이의 수단으로 일본인 유골에 주목하고 대화 재개를 위한 실마리로 이용하려는 것이었다.

북한에서 일본인이 매장된 장소는 약 70개소에 이르는 것으로 알려져 있다. 북한에서 살다가 해방 후 일본으로 돌아온 일본인 중에는 유족회를 만들고 '잔류 일본인' 묘지 장소를 기입한 지도와 매장된 일본인 명부를 보존하고 있는 경우도 있었다. 그러나 이러한 경우는 극히 일부이고 묘지의 존재는 세월의 경과와 더불어 잊혀간 많은 일본인이 어디에 매장되었는지 알 수 없게 되었다. 고령화하는 유족 대신 북한에 성묘갈 수 있도록 주선한 단체는 '북유족연락회'다. 나는 2013년 9월부터 2014년 10월까지 북유족연락회가 주최하는 성묘에 4차례 동행 취재하였다.

일본인 묘지의 다수는 함흥과 부평[9], 청진, 고무산[10] 등의 지방도시에 존재한다. 외국인이 절대로 갈 수 없는 장소에 있다. 북한에서도 선택된 사람들이 사는 평양과 지방은 생활수준이 전혀 다르다.

◀ 일본인 묘지 취재로 방문했던 부평의 농촌풍경

일본인의 성묘와 동행 취재를 수용하는 것은 북한이 싫어하는 '가난하다', '더럽다', '낙후되어 있다'는 부분을 외부에 드러내는 것과 이어져 있다. 그러나 당면한 큰일을 위해서는 다른 일의 희생도 감수할 수밖에 없었을 것이다. 성묘 취재에서는 보통의 취재에서 좀처럼 볼 수 없는 북한 지방도시의 현실을 실제로 볼 수 있었다.

---

9 함경남도 함흥 교외에 위치한 곳으로 해방 직후 구소련의 수용소에서 생활하던 일본인 1천 500명이 숨진 곳으로 알려졌다.

10 함경북도 부령군은 회령의 남쪽, 청진의 북쪽, 무산의 동쪽에 위치하고 있다.

'흰쌀밥과 고깃국'의 약속

평양과 지방의 생활상태의 차이를 한마디로 말하면 일본의 태평양전쟁 이전과 이후 정도의 차이다.

평양에는 고층아파트에서 살면서 스마트폰을 사용하고 현대적인 생활을 누리는 사람이 있는 반면, 지방에는 형편없는 오두막에 가까운 목조로 된 집에 살면서 찢어지게 가난한 생활을 하고 있는 주민도 있다. 지방으로 가면 갈수록 체격도 작고 영양상태가 그다지 좋아 보이지 않았다. 대부분의 농가가 뜰에 밭을 일구고 지붕에는 덩굴식물의 작물을 재배하고 있었다. 옥수수와 고추를 말려서 모자라는 식량에 보태고 있었다. 여분은 장마당이라는 자유시장에 내다 팔 것이다. 겨울철이 되기 전에는 월동준비를 위해 연탄을 도로에서 말리고 있는 주민의 모습을 종종 보았다. 아사자가 생길 것 같은 상황은 아니더라도 매우 가난한 생활인 것은 틀림없다.

예전에 김일성은, "인민이 흰쌀밥과 고깃국을 먹고 비단옷을 입고 기와집에 살 수 있도록 해야 한다. 북한 주민이 의식주를 걱정하지 않고 생활할 수 있도록 하겠다"라고 선언하였다.

2대째인 김정일은, "수령님의 유언을 달성할 수 없었다"라고 자신의 대가 되어도 식량문제를 해결할 수 없는 것을 한탄하였다.

그리고 3대째인 김정은은 2012년 4월 15일의 김일성 탄생 100주년 연설에서, "다시는 우리 인민들이 두 번 다시 허리띠를 조이지 않는 사회주의 부귀영화를 누리게 하겠다"라고 선언하였다. 북한 주민이 배고픔 때문에 허리띠를 졸라 매는 일이 없도록 하겠다는 결의 표명이었다.

김정은은 체제 발족 직후에 농작물의 자유재량제도를 확대하는 등 농업개혁을 실시하였다. 또 중국과의 무역도 확대해 경제 상황은 개선되어 갔다. 그러나 그 후 경제발전과 핵·미사일 개발을 동시에 진행하는 병진노선으로 전환해 엄격한 경제제재하에서 곤경이 계속되고 있다. 3대 지도자가 말한 인민에게의 약속은 지금도 성공에 이르지 못하였다.

물자부족도 심각해서 지방과 평양의 교통수단도 격차가 두드러진다.

일본에서는 본 적도 없는 특이한 자동차가 시야에 들어왔다. 트럭 짐받이에 실린 화로 같은 것에서 시꺼먼 연기를 내뿜고 있었다. 짐받이에 탄 사람이 때때로 화로를 들여다보며 상태를 확인하고 있는 것 같았다. 얼굴에는 그을음이 묻어 있었다. 무엇을 태우고 있는 것인지 강렬한 악취도 풍긴다. 도저히 승차감이 좋아 보이지 않았다.

낯선 이 자동차는 장작과 석탄을 태워서 발생하는 가스를 동력으로 삼아 달리는 목탄차다. 에너지 효율은 일반 자동차의 절반 정도이고 최대 시속 60킬로 정도 밖에 달릴 수 없다고 한다. 눈 깜짝 할 사이에 우리가 탄 자동차를 추월해 버렸다.

목탄차는 제2차 세계대전 중에 일본에서도 사용되었다고 하는데 북한에서는 지금도 이용되고 있었다. 평양 시내에서는 찾아보기 어렵지만 지방에서는 자주 볼 수 있었다.

◀ 북한의 지방에서 자주 볼 수 있는 목탄차

북한에서는 1990년대의 고난의 행군 시기에 연료부족을 해소하기 위해 목탄차의 사용을 장려하였다. 당시는 주민에 의해 땔감으로 쓸 무단 벌채가 횡행해서 북한의 산 대부분이 민둥산이 되어버렸다. 이 때문에 장작의 무단 벌채 단속이 강화되었고 UN 대북경제제재 강화로 인해 연료 부족은 한층 심각해졌다.

최근에는 장작 대신 폐유를 먹인 옥수수 심지를 연료로 사용하고 있다고 한다. 아무리 연기가 새까맣다고 해도 목탄차는 귀중한 운송수단이다. 농촌에서는 소달구지도 드물지 않다. 지방에서는 지금까지도 자전거는 좋은 운송수단이며, 기본은 걷기다. 무거울 것 같은 짐을 짊어지고 목적지까지 하염없이 계속 걷는다. 그런 주민의 모습이 눈에 선하다.

평양에서 지방 도시로 갈 때에는 고속도로를 이용한다.

성묘 취재에서는 평양에서 원산까지 약 200킬로미터, 또 함경남도 함흥까지 약 300킬로미터를 하루에 이동하는 것도 드물지 않았다. 도로 폭은 넓다. 그러나 다른 자동차와는 좀처럼 마주 지나치는 일이 없었다. 포장은 되어 있었지만 도로 상태는 빈말로도 좋다고는 말할 수 없다. 곳곳에 구멍이 파여 있었다. 그런 길을 시속 100킬로의 최고 속도로 질주하기 때문에 울퉁불퉁 할 때마다 좌석에서 몸이 튕겨 올라 제트코스터를 타고 있는 것 같았다.

하루종일 이동을 계속 하다보면 온 몸이 아파 이동만으로 기진맥진 지치게 되는 것이 보통이었다. 북한의 언론담당자에게도 지방 방문은 힘든 일인지 "여기부터는 전투입니다"라는 말을 자주 들었다.

그런 이동 도중에 자주 볼 수 있는 광경 중의 하나가 '차 고장'이다. 승합버스, 트럭, 승용차……. 가지각색의 자동차가 도로에 멈춘 채 꼼짝 못하고 서 있었다. 차 밑으로 들어가 필사적으로 수리하고 있는 운전기사를 승객들이 둘러싸고 언제가 될지 모를 출발을 기다린다. 우리의 취재차량도 예외는 아니다. 장거리 이동 도중에 엔진에 문제가 생기기도 하고, 부품 고장으로 주행할 수 없게 되는 일이 매번 있었다.

북한에서는 자동차는 귀중품이다.

김정은 체제하에 평양에서는 자동차의 운행이 늘고 택시도 급증하였다. 그러나 한편으로 관용차로서 연식이 꽤 오래된 구형 자동차가 현재도 사용되고 있다. 새 차를 구입하는 것은 물론 수리용 부품을 입수하는 것도 어려운 형편이다. 낡은 차를 수리하면서 조심조심 사용하고 있는 실정이다. 운전기사는 자동차 수리부터 부품조달까지 전문기술이 요구된다. '운전수 동지'로서 간부 업무에 동행하는 일도 많고 전문직으로서 사회적 지위가 높다.

햇볕정책의 꿈의 흔적, 퇴락한 금강산관광

이솝 이야기에 '북풍과 태양'이라는 우화가 있다.

이것을 대북 정책에 적용한 것이 한국의 김대중 정권(1998~2003년)이었다.

북한에 대해 '북풍'과 같은 대결자세를 취하는 것이 아니라 인적교류와 경제협력이라는 '태양'의 따듯함으로 포용, 개혁·개방으로 향하려는 것이다.

① 평화를 파괴하는 일체의 도발 불용의 원칙
② 흡수통일 배제의 원칙
③ 화해·협력 적극 추진의 원칙이 대북정책 3대원칙의 기초로 되어있다.

2000년에는 분단 후 첫 남북정상회담이 실현되어 '남북공동성명'이 발표되고 남북교류가 비약적으로 확대되었다. 이 정책은 노무현 정권에도 이어져 10년에 걸친 혁신정권 동안에 막대한 외화가 북한에 유입되었다.

햇볕정책[11]에 앞장 선 사람은 당시 한국 최대 재벌이었던 현대그룹 명예회장인 정주영이다.

정주영은 강원도 통천 출신이다. 남북분단으로 고향에 돌아갈 수 없게 된 실향민 중에 한 사람이었다.

남북교류에 의욕을 불태운 정주영은 1998년에 소 501마리를 이끌고 판문점을 통해서 북한을 방문하였다. 그 상황은 생중계로 전해졌다. 세계의 눈이 집중되었다. 김정일과 회담한 정주영은 금강산 부근의 독점개발권을 취득하고, 같은 해에 한국에서 해로를 이용한 금강산투어를 개시하기에 이른다. 2003년에는 군사분계선을 넘는 육지관광도 허가되어 한국에서의 관광객은 10년간 약 194만 명에 달했다. 북한은 그 대가로서 관광수입 4억 8660만 달러를 손에 넣었다. 이는 2013년 통일백서에 기록되어 있다.

그러나 2008년 7월, 한국의 여성 관광객이 북한측 병사에게 사살되는 사건이 발생하여 금강산관광은 중단되고 말았다. 2009년 3월에 북한측이 일방적으로 한국측 소유의 시설을 동결·몰수했고 지금은 북한이 독자적으로 관광 사업을 전개하고 있다.

◀ 북한이 독자적으로 관광 사업을 진행한 금강산

---

11 화해와 포용을 기본태도로 남북한 교류와 협력 증대를 추구한 김대중 정부의 대북 유화정책.

금강산은 동서 약 40킬로, 남북 약 60킬로에 이른다. 38도선에 접한 해안에서 산악부까지 바다, 산과 호수로 관광 포인트가 나뉘어져 한반도의 제일가는 명승지로 알려져 왔다. 북한 출신자뿐만 아니라 일반 한국인도 일생동안 한번은 가보고 싶어 하는 명소다. 금강산관광이 중단되고 5년이 지난 2013년 10월에 금강산을 가 보았더니 인기 관광지는 크게 변모해 있었다.

♪경치도 좋지만 살기도 좋아
♪금강산 골 안에는 보물도 많네.[12]

깎아지른 듯이 솟아 있는 바위가 이어진 산들. 화강암에 단풍이 돋보이고 계곡 물은 말갛다. 금강산 절경 중의 하나인 외금강의 옥류담 앞에서 여성 가이드 한금희(23세) 씨는 조금 부끄러운 듯이 금강산과 관련된 노래를 불러주었다.

◀ 금강산 가이드를 하는 한금희 씨

금강산 태생인 한금희 씨는 현지의 사범대학을 졸업한 후 전문학교에서 중국어를 배워 영어와 중국어로 관광가이드를 하고 있다. 시원시원한

---

12 경치도 좋지만 살기도 좋네 [가극 '금강산의 노래' 中] (작사 : 백인준, 작곡 : 김영도)

성격에 밝고 총명한 여성이다. 그녀가 말하기를 관광객 70퍼센트는 중국인, 그 다음에 유럽, 홍콩, 타이완, 동남아시아로 이어진다. 북한 국내에서 오는 관광객도 포함하면 1일에 1000~1500명 정도가 방문한다고 한다. 관광 시기는 4~11월 중순까지이고 겨울철에는 중지된다. 일본인 관광객을 안내하는 것은 우리들이 처음이었다.

"일본인이 좀 더 오게 된다면 일본어도 공부하겠습니다."

왜 일본인 관광객이 적은지 우리에게 질문했다.

"중국에서는 금강산이 북한의 명산으로 알려져 있지만, 일본인은 몰라서라고 생각합니다."

북일관계 같은 정치 정세는 말하지 않았다.

등산 도중에 타이완에서 온 관광객과 만나 이야기를 나누었다.

"유명하다고 듣고 이 투어를 선택했다. 북한이라고 해서 조금 걱정했지만 (북한 사람이)매우 친절하게 대해 주었다."

"즐거워요."

이 타이완에서 온 금강산투어에는 25명이 참가했다고 한다. 당시 북한은 한국 관광객의 빈자리를 메꾸려고 타이완 관광객 유치에 힘을 쏟으며 관광설명회 등도 적극적으로 열고 있었다. 타이완과 북한의 관계는 의외로 알려져 있지 않다.

일본에서 온 성묘단이 숙박한 곳은 외금강호텔이었다. 원래는 한국의 현대아산이 50년 계약으로 빌려 개장해 1000실의 객실을 갖춘 호텔로서 운영하고 있었지만, 이때는 북한이 관리하고 있었다. 프런트에는 중국에서 온 단체 관광객과 유럽에서 온 것으로 보이는 관광객 다수가 있었다.

한국에서 온 단체객으로 활기찼던 때와는 비할 바가 아니지만 관광객 수용이 아주 조금씩 이어지고 있었다. 그러나 숙박객의 감소 때문인지 엘리베이터는 2기 중에 1기만 운행하고 있었다. 인터넷은 물론 연결되지 않는다. 오퍼레이터^{전화 응대 서비스}가 부족한 탓일까? 방과 방을 연결하는 전화를 사용할 수 없다. 국제전화는 프런트에서만 가능한 상황이고 한국인 관광객이 이용했을 때와는 크게 변모해 있었다.

외금강호텔 주변에는 넓은 주차장이 있고 면세점과 훼밀리마트, 레스토랑 등의 상업시설을 병설하고 있다. 골프장 등도 건설되었다. 금강산의 편의점 제1호가 된 훼밀리마트는 한국의 현지법인이 점포를 열었다. 일본에서도 친숙한 외관이고 예전부터 모두 달러로 판매가 이루어지고 있었다.

가까이 가서 보니, 훼밀리마트 글자가 페인트 같은 것으로 지워졌고 유리가 검은 비닐로 덮여져 있었다. 가게 안의 상품은 모두 철수되어 아무것도 없었다. 주변의 면세점 등도 모두 폐점하고 자물쇠가 채워져 있었다. 그러나 시설관리인에게 물어보니, "영업하고 있다. 관광철이 끝날 때가 되어 손님이 줄었기 때문에 며칠 전에 철수했다. 상점가는 홍콩기업과의 합작하였다. 상품은 기념품, 술, 담배, 옷, 신발 등 무엇이나 다 있었다. 모두 면세다"라고 설명하였다.

밤에는 호텔 별관의 레스토랑에서 식사를 했다. 도중에 두 번 정전이 되어 암흑천지가 되었는데 레스토랑 종업원은 당황하지 않고 비상용 전원을 준비해왔다. 그리고는 아무 일도 없었던 것처럼 식사 서빙을 계속했다. 곧바로 비상용 전원이 준비되는 것을 보면 정전은 드문 일이 아닌 것 같았다.

관광은 '포상' 휴가

직장 여행으로 평양에서 온 북한 단체객 일행이 바닷가에서 신명나게 떠들고 있었다.

금강산의 또 다른 명소, 해금강에서는 큰 바위에 둘러싸인 독특한 경관과 아름다운 바다를 즐길 수 있다. 바다 저쪽, 맞은편 해안의 한국 땅이 가까이 보인다. 맑은 날에는 한국측 전망대가 보일 정도로 가깝다.

"어, 전파가 흐르고 있다."

동료들이 떠들기 시작했다. 중국과 일본의 휴대전화는 불통일터인데 전파가 흐르고 있었다. 한국의 휴대전화 전파가 수신 가능했다. 거리의 가까움을 실감할 수 있었다.

전화를 걸어보았다. 제대로 통화가 연결되었다.

급히 이 내용을 취재하기 위해 촬영하자, 여기에서도 안내원이 말렸다.

예전에 한국에서 온 관광객에게는 휴대전화와 배터리 지참이 금지되어 있었다. 또 군인이나 인물의 사진촬영도 할 수 없었고 관광시설의 종업원 이외는 현지의 북한 주민과의 접촉도 할 수 없었다. 관광지라고는 하나 남북의 최전선이다. 이때도 북한측 병사가 몇 번이나 관내를 순시하고 있어서 독특한 긴장감이 맴돌았다.

해안에 우뚝 솟은 바위산에 다리를 후들거리며 올라가 보았다.

동행하던 운전기사가 손을 내밀어 주었다. 안내원도 모두 일은 내팽개치고 사진을 찍어대고 있었다. 소중한 관광 기회인 셈이다. 해안 방향으로 카메라를 잡으면 바위 사이에 북한의 장거리포가 보였다. 관광지 바로 옆에서 포문이 한국을 향하고 있다. 군사시설 촬영은 금지다. 카메라를 그쪽으로 돌리지 말라고 주의를 받았다.

이어서 안내된 곳은 '삼일포'라고 불리는 큰 호수다. 호수 가운데 작은 섬이 떠 있다. 북한의 관광객과 현지 주민도 많이 방문하는 장소다. 호수 근처에서는 평양의 하수도사업소 직원이라는 20여 명 남짓의 사람들이 바베큐를 즐기고 있었다. 게와 집오리 고기, 김치 등 식재료를 가져와 소주잔을 기울이고 있었다. 그들의 즐거운 모습을 보고 있는 우리에게 먹거리와 술을 권해주었다.

북한에서는 이동의 자유가 제한되어있기 때문에 개인적인 여행은 거의 전무하다고 말해도 좋다. 기본은 직장단위로 우수한 성적을 받은 그룹에 대한 '포상'으로서 관광여행이 실시되는 것이 보통이다.

북한 주민이 금강산을 비교적 자유로이 관광할 수 있게 된 것은 최근의 일이다. 과거에는 금강산의 관광시설을 이용할 수 있는 사람은 일부 간부에 한정되어 있었다. 한국에서의 금강산관광 투어가 시작되고부터는 일반의 출입이 엄격하게 제한되었다. 남북교류가 두절된 덕택에 북한 주민의 금강산 관광이 해금된 것은 얄궂은 결과다.

5장 베이징에서 본 북한

베이징 북한대사관. 중국의 경찰이 24시간 체제로 경비를 서고 있다.

1. 중국과 북한 = 특수한 관계

혈맹관계도 돌이켜 보면 옛날 일

중국과 북한 —

서로 이웃한 나라로 함께 사회주의를 표방하고 있다. 국경은 약 1300 킬로미터에 걸쳐 있고 두 나라는 압록강과 두만강이라는 큰 강을 사이에 두고 떨어져 있다. 장소에 따라서는 걸어서 건널 수 있는 곳도 있다. 물론 제멋대로 왕래는 할 수 없다. 굶주림 때문에 북한에서 중국으로 탈출하는 사람을 막기 위해 강가에서는 엄중한 감시체제를 가동하고 있다.

중국은 960만 평방킬로미터의 국토와 13억 7000만 명 이상의 인구, 명목 국내총생산(GDP) 12조 달러를 넘는 경제대국이다. 한편 북한은 면적이 불과 12만 평방킬로미터, 인구도 2500만 명 정도, GDP추정 161억 달러 정도라고 한다. 국력의 차는 역력하다.

그래도 북한과 중국의 관계는 전통적으로 견고하다. 한국전쟁에서는 미국을 중심으로 하는 UN군과 함께 싸웠다. 최근까지 북한과 중국의 관계는 순망치한脣亡齒寒의 '혈맹관계'라고 할 정도로 공고했다. 결국 중국(齒)에게 북한(脣)은 없어서는 안 되고, 북한이 없으면 중국의 안전보장이 위태롭다는 생각이 지배적이었다.

과거에 김일성은 물론 조선인민군의 군인 다수가 중국어를 이해하고 있었던 것 같다. 중국측 군인과 조선인민군은 관계가 좋아 쌍방이 같은 장소에서 3년 이상 주재해도 큰 문제는 없었다고 한다. 내가 만난 적이 있는 저우언라이周恩來 총리의 통역도 "중국공산당은 아군 병사가 조선인민군과 사이좋게 지내도록 철저히 교육하고, 김일성도 아군에게 똑같이 교육했다"고 증언했다.

그러나 북한과 중국의 '우호' 관계도 김정일시대까지였다. 김정은시대가 되자마자 북한과 중국의 관계는 복잡하게 변화하였다. 중국의 반대를 무릅쓰고 핵과 미사일 실험을 반복했기 때문이다. 북한과 중국의 관계가 악화되면 영향을 제일 먼저 받는 곳이 국경지대에 있는 지린성 옌벤조선족자치주延邊朝鮮族自治州와 랴오닝성 단둥遼寧省丹東이다.

옌벤조선자치주 중국에는 한반도에서 이주한 조선계 민족인 '조선족' 약 200만 명이 중국 동북부를 중심으로 생활하고 있다. 그 중에 조선족자치주에는 45만 명이 살고 있다.

옌벤과 북한을 갈라놓고 있는 강은 두만강이다. 중국 지린성의 투먼圖們은 이 두만강을 사이에 두고 북한 함경북도 남양에 인접하고 있다. 두 개의 도시를 연결하는 것이 투먼대교다. 다리 부근은 중국측에서 북한을 엿볼 수 있는 장소로서 관광지이기도 하다.

입구에는 장중한 석조문이 세워져 있고 다리 길이는 약 500미터다. 관광객은 다리 한 가운데의 중국측 경계까지 걸어갈 수 있다. 북한을 가까운 곳에서 볼 수 있는 장소로 인기 있는 관광지점이다. 다리 옆에 세워진 노란 막대기가 북한과 중국의 국경에 해당한다. 이 다리를 건너면 북한측의 남양역이 나온다. 역에는 김일성과 김정일 초상화가 걸려 있고 붉은색 글자로 '남양역'이라고 적혀있다. 그 옆의 건물에는 '위대한 령도자 김정은 동지 만세'라는 선전문구가 내걸려 있고 역 앞에는 몇 대의 트럭이 서 있었다.

◀ 북한과 인접한 중국 지린성 투먼, 관광지로도 알려져 있다

강가에는 드문드문 사람이 걸어가고 있다. 병사도 있다. 길가에 산처럼 쌓여 있는 나무들은 장작으로 사용하려는 것일까……. 기와지붕의 집들이 늘어서 있지만 인적이 드물고 한산하다. 다리 하나를 사이에 두고 전혀 다른 별천지가 펼쳐져 있는 것을 실감할 수 있다.

급속하게 번지는 북한 따돌림

투먼대교 주변에는 북한 관련 물건을 파는 선물가게가 길게 늘어서 있다. 안에 들어가 보니 북한 우표와 담배, 술 등을 팔고 있었다. '불로주'라고 적힌 약주는 600위안, 한화로 약 11만 원 이상이나 한다.

북한 뱃지(초상 휘장)는 없는지 물어보니 가게 안쪽에서 김일성과 김정일 두 사람이 나란히 있는 초상 휘장을 가져왔다. 북한 주민이 왼쪽 가슴에 달고 있는 것으로 흔히 '김일성 뱃지'라고 하는 알루미늄 제품의 뱃지다. 여성 점원은 "북한 사람이 직접 가져온 진짜다"라고 주장했다. 가격은 놀랍게도 1500위안, 한화로 약 25만 원이나 한다. 두 명이 나란히 있는 모양은 뱃지 중에서도 귀한 종류라고 한다. 바가지에 가까운 가격이지만 이

전에 일본인 관광객이 샀다고 말한다. 열심히 값을 깎아보았지만 전혀 싸게 깎아주지 않아서 어쩔 수 없이 단념했다.

북한 사업가에게 들은 바에 의하면 뱃지는 소속조직에서 배포되며 '사람의 가장 중요한 위치=심장'의 위쪽에 달게 되어 있다. 업무 중에 휘장을 달면 초상이 더럽혀질 우려가 있으므로 작업복에는 실제로 착용이 금지되어 있다고 한다. 언제, 어떤 기회에 달아야 하는지의 규정은 없고 '우리들의 마음가짐의 문제'(베이징의 북한식당 종업원)라고 한다.

중국에서는 이 뱃지의 수 많은 가짜가 만들어지고 있다. 본국에서는 아직 없는 김정은 뱃지도 이미 판매되고 있다. 북한의 뱃지를 가지고 싶어 하는 관광객이 많기 때문에 제멋대로 가짜를 만들어 팔고 있는 것이다. 이것까지 만들어내는 것을 보면 과연 중국이라고 할 만 하다. 진짜를 구별하는 방법은 뒤쪽 잠금장치의 모양과 재질이 결정적 근거가 된다. 이 때문에 일본 엔으로 1개 200엔, 한화로 약 2200원 정도이므로 '선물'하기에는 안성맞춤일지도 모르겠다.

◀ 김일성과 김정일의 초상이 나란히 있는 뱃지

이런 한가로운 분위기의 투먼이었지만 북한과 중국에서 각각 김정은과 시진핑이 국가주석으로 취임한 이후로는 긴장이 더 깊어질 뿐이다.

투먼대교에서 두만강변을 달려보니 중국측에는 철조망이 끝없이 둘러쳐져 있었다. '국경을 넘지 말 것'이라고 적힌 간판도 있다. 겨울철에는 강이 얼어붙기 때문에 강폭이 좁은 장소에서는 걸어서 건널 수 있다. 이것을 방지하기 위한 조치다.

강변 건너 북한측에는 2층으로 된 감시초소처럼 보이는 건물이 있다. 파란 지붕에 벽은 어두운 황록색이 칠해져 있는데 아직 새 것처럼 보인다. 돌을 박아 넣은 감시초소도 있고 주변에는 병사가 서 있다. 그들은 중국측으로 도망가려는 주민은 없는지 감시를 게을리 하지 않고 있다.

사실 2014년 12월, 탈영병으로 보이는 북한 병사(당시 26세)가 권총을 훔쳐 국경지대인 허룽시 난핑南坪에 침입해 조선족 주민 4명을 살해하는 사건이 발생했다. 병사는 식량과 소액의 현금을 빼앗아 도주했다가 중국 경비병에게 발견되어 사살되었다. 주민은 불안에 떨었고 마을에는 감시카메라가 설치되었다. 마을 주변에는 새로운 검문소가 만들어지는 등 경비가 강화되었다.

중국측은 예전에 이러한 사건이 일어나도 겉으로 드러내지 않는 것이 통례였지만, 이때는 북한에게 항의했다고 밝혔다. 나는 이듬해 2월, 사건의 속보 취재를 위해 가려고 시도했지만 많은 검문에 저지당해 접근할 수 없었다. 이와 관련하여 국경에서의 경비는 더욱 강화되었고, 2017년에는 투먼대교에 있었던 선물가게가 한꺼번에 철거되고 말았다. 북한과 중국 관계의 냉각이 이곳까지 미치고 있었다.

이야기를 조선족자치주의 옌지시延吉市로 옮겨보겠다.

조선족이 인구의 40퍼센트 이상을 차지하고 있고, 상점의 간판도 중국어와 한글을 병기한 점이 눈에 띤다.

여기에서도 수많은 북한식당이 영업하고 있다. 최신식 가게라고 해서 방문해보니 똑같은 한복을 차려입은 젊은 여성 20여 명이 일하고 있었다.

전통한복이 아닌 치마가 짧고 디자인도 현대적인 귀여운 느낌이었다. 가게 안에 있는 배우가 공연하는 통로 위에서는 1시간에 한 번 무대공연이 개최된다. 노래하는 곡은 북한과 중국 곡이지만, 아이돌 가수처럼 음악에 맞추어 안무도 곁들여진 북한의 인기여성그룹인 모란봉악단을 의식하고 있는 것 같다. 여성들은 테이블에는 앉지 않고 벽을 따라 나란히 서 있다. 말을 걸어 보아도 동료 여성들을 의식해서인지 그다지 마음을 터놓지 않는다. 단, 한 곡에 100위안의 수고 요금을 건네면 듀엣도 가능하다. 지금까지의 북한식당과는 뭔가 좀 다른 서비스로 인기를 모으고 있었다.

2016년에 다시 방문했을 때 이 가게는 굳게 문이 닫혀 있었다. 겉으로는 내부수리가 이유였지만, 종업원은 이미 귀국해 버려 사실상 폐점이나 다름없었다. 북한에 대한 국제사회의 경제제재가 강화되어 북한식당도 각지에서 존속 위험에 빠져 있다. 중국인 손님이 갑자기 줄어든 이유도 있지만 상납금 할당량이 부담으로 짓누르고 있기 때문이다.

2017년 9월의 UN결의 이후에는 북한에서 외화벌이 노동자에 대한 신규고용이 금지되어 비자갱신도 불가능해졌다. 이 때문에 돈벌이에 나선 사람들의 귀국이 이어지고 있다. 우리들이 취재에서 자주 이용하고 있던 중국에 있는 가게 대부분도 경영난으로 문을 닫았다. 최대의 우호국이던 중국조차 북한 따돌림의 움직임이 급속히 퍼지고 있다.

북한에게는 생명선

국경 마을로서 그 이름이 알려진 곳이 랴오닝성 단둥이다.

중심부에서 북동으로 15킬로미터 정도 자동차로 달리면 산을 등진 농촌 한쪽에 원유비축설비가 모습을 드러낸다. 시설 안에는 원유탱크가 대형 4기, 소형 6기 그리고 원유 파이프가 여러 개 있는 것처럼 보인다. 여기가 북한으로 원유를 수송하는 기점이 된다. 압록강 강바닥에 부설된 파이프라인을 통해 맞은편 평양북도 신의주를 지나 평양남도 안주시 부근의 제유소 '봉화화학연합기업소'로 보내진다.

2004년 이후, 매년 52~53만 톤 규모로 북한에 보내진 중국의 원유수출은 거의 대부분이 이 루트를 이용해 북한으로 보내졌다고 한다. 원유는 대부분이 화력발전용이다. 만성적인 에너지 부족에 시달리는 북한에게는 '생명선'이라고 할 수 있다.

북한이 핵·미사일 실험을 강행해 UN 안보리이사회에서 제재결의가 채택될 때마다 중국에 이 '생명선'을 조이도록 국제사회로부터 압력이 가해졌다. 중국 공산당계의 환구시보環球時報는 북한이 아직 6번째 핵실험을 실시하지 않은 단계에서 '만약 6번째 핵실험을 했을 경우, 중국은 북한과의 석유무역제한을 포함한 UN 안보리결의안을 지지해야만 한다'라는 사설을 기재했다. 그러나 북한은 이 주장을 무시하듯이 2017년 9월에 6번째 핵실험을 강행하였다.

그 직전에 평양에서는 이변이 일어나고 있었다.

"이 주유권은 1장이 중국 돈으로 90위안입니다만, 지금은 160위안으로 70퍼센트 값이 올랐습니다."

중국 중앙TV는 평양주재 기자의 보도에서 북한이 같은 해 4월 19일부터 석유판매를 중지했다고 보도했다. 북한에서는 식료품과 생활필수품 등 일부는 배급제도가 지금도 남아 있다. 석유의 경우는 주유권 1장에 15킬로그램, 대략 20리터가 지급되었다.

영상을 보면 평양 시내에 있는 주유소 대부분은 폐쇄되어 사람의 모습이 보이지 않는다. 녹색 번호판을 단 외국 대사관 등의 자동차에는 석유를 판매하지만 시민에게는 판매되지 않으며 가격이 70퍼센트나 급등했다고 한다. UN 제재가 강화되어 북한 상사商社가 석유를 공급할 수 없게 된다는 소문이 나돌면서 주민들이 사재기한 것이 원인이라고 했다.

　시내를 달리다보면 판매를 계속하고 있는 일부 주유소에 석유를 구하려는 자동차가 장사진을 이루고 있었다. 그것보다도 중국 중앙TV가 북한의 내정을 보도하는 것은 이례적이다. 아마 중국 당국의 의향을 수렴한 보도라고 생각해도 틀림없다. 중국이 북한에게 압력을 가하고 있다고 내외에 호소하고 싶었던 것이 아닐까 생각해 본다.

　북한은 분명히 중국에 의해 지탱되고 있다. 그러나 빈번하게 중국의 말을 듣지 않고 유아독존의 길로 나아간다. 북한을 사람으로 치면 '집에서 미움 받는 자식이 밖에서는 활개 친다'라는 것일까? 자존심이 높고 지기를 싫어한다. 그런 북한과 어떻게 사귀면 좋을까? 중국뿐만 아니라 일본의 경우에도 골칫거리 이웃국가다. 흔히 '대화와 압력'이라고 말하지만 어떻게 해야 상대를 제어할 수 있을까? 그것을 알려면 김정은시대의 북한을 먼저 알고 그들의 실정을 판별하는 것에서 시작할 수밖에 없다.

2. 불가사의한 베이징의 북한대사관

중국 안의 북한

　나는 2012년 8월 하순에 후지TV 베이징 지국에 부임하였다. 북한 사람을 직접 취재하고 싶은 것이 가장 큰 이유였다. 일본 언론온 후지TV를 포함해 5~6개 언론사가 북한전문가 소식통을 중국에 두고 있다. 중국에서의 북한 취재 포인트 중의 하나가 이 장에서 소개하는 '북한대사관'이다.

　베이징에서 최상급 지역인 리탄日壇공원 근처에 대략 4만 8000평방미터, 도쿄 돔[1] 한 개 정도의 크고 넓은 대지 안에 있다.

1　일본 최초의 돔 구장이다. 1988년에 세웠으며 야구경기뿐만 아니라 다양한 이벤트가 열리는 다목적 스타디움이다. 요미우리 자이언츠(讀売巨人)의 홈구장이다.

중국 전역에는 북한의 외교관과 무역관계자와 그 가족이 약 5000명 있다고 한다. 베이징에는 그들 중에 3000명 이상이 체류하고 있고 그 사람들의 거점이 이 대사관이다. 정말로 '중국 안의 북한'이라고 말할 수 있는 존재다.

일본에는 없는 '북한대사관'. 그들은 그 안에서 어떤 활동을 하고 있는 것일까? 지켜보았다.

베이징의 북한대사관 입구에는 한글과 중국어로 '조선민주주의인민공화국 대사관'이라고 적힌 간판이 내걸려 있다. 정문 앞은 녹색 울타리로 둘러쳐져 있어 직접 접근하지 못하도록 되어 있다. 중국 무장경찰이 24시간 경비를 서고 있다. 대사관 옆의 게시판에는 김일성, 김정일, 김정은의 활동사진이 전시되어 있다. 마식령 스키장 등 김정은의 주도로 만들어진 시설의 사진도 있었다.

안에 들어가면 뜰 한가운데에는 큰 나무가 심어져 있다. 안쪽에 갈색으로 보이는 건물이 대사관 청사다. 옥상에는 북한 깃발이 나부끼고 있다. 깃발에는 댐과 발전소에서처럼 붉은 별을 본뜬 북한 문장紋章이 장식되어 있다. 입구 안쪽 홀에는 붉은색 양탄자가 깔려 있고 계단으로 연결되어 있다. 복도에 북한의 선전물을 전시한 코너도 설치되어 있어 김정일 현지지도 사진 등이 눈에 띤다.

직진해서 막다른 곳의 왼쪽 문이 기자회견실이다.

주중국 북한대사 지재용이 기자회견을 열면 중국을 비롯한 일본, 구미 등 각국의 기자가 여기에 모였다.

중후한 나무재질의 문을 열면 천으로 씌워진 붉은색 의자가 설치되어 있다. 평상시는 영화 등을 상영하는 시청각실처럼 보인다. 중앙에는 '전당과 전세계를 김일성·김정일주의화 하자!' 라고 적힌 선전문구가 내걸려 있다.

◀ 기자회견을 하는 북한의 지재용 주중국 대사

벽에는 김일성·김정일 초상화가 장식되어 있다. 단상에는 책상과 마이크가 준비되어 있었다.

100명 정도를 수용할 수 있는 회견실이 눈 깜짝할 사이에 가득 찼다. 은색 안경테에 줄무늬 양복차림, 가슴에는 뱃지를 단 지재용이 들어왔다. 지재용은 오랫동안 조선노동당 국제부 부부장을 역임하고 2010년 10월에 주중국 북한대사에 임명되었다.

"우리나라의 자주권과 생존권을 지키기 위해 하는 수없이 핵 억지력을 강화할 필요가 있다."

"미국의 대북정책이 계속되는 한 한반도지역의 평화와 안전보장 및 핵문제 해결도 기대할 수 없다."

지재용은 아니나 다를까 북한의 핵보유를 정당화하고 한미연합훈련 중지와 남북관계 개선 등을 요구하였다. 대사는 조선어로 말했고 그것을 중국어와 영어로 통역했다.

베이징에서의 회견에서는 기자로부터 질문도 받았지만, 대사의 답변은 정리하여 단 한 번에 모아서 했고 대답하기 곤란한 질문에는 답하지 않았다. 어디까지나 북한의 주장을 펼치는 것이 목적이었다.

김정은시대가 되고 나서 대사의 기자회견도 부활해 나도 몇 번인가 취재했지만 솔직히 말하면 매번 낙심했다. 그들의 일방적인 주장을 듣는 것이기 때문이다. 동시에 그들의 입장에서 생각하면 이것이 한계일 것이다. 외교관으로서 해외에 주재하고 있는 그들은 바깥 세계의 사고방식을 알고 있다. 북한과 바깥 세계와의 커다란 차이를 어떻게 메우려는 것일까? 그들의 속내를 접하고 싶다는 생각에 행동을 같이해 왔지만 그 벽은 쉽사리 무너트릴 수 없었다.

생활감이 듬뿍

북한대사관 안에는 평양과 같은 분위기가 감돌고 있었다.

기자회견장에 있는 집무동에는 기념일의 축하 리셉션과 북일협의 등을 했던 큰 홀도 있다. 북측은 주거동으로 관원용 주거와 출장자용 숙박시설이다.

정문 안쪽에는 비자를 발급하는 영사부. 그 앞에는 농구 코트 등이 있는 운동장, 매점, 식당 등이 있다.

대사관 대지 안에는 대사관 직원과 그 가족이 약 100명. 그리고 조선중앙통신과 노동신문이라는 국영 언론 등도 대사관 안에 사무실과 숙박시설을 갖추고 있다. 이러한 사람까지 합치면 1500명 가까운 사람이 살고 있다고 볼 수 있다. 월세는 대사관원의 경우는 무료지만 숙박시설을 이용하는 사람은 숙박료가 필요하다고 한다. 즉 대사관이 호텔과 같은 역할도 하고 있는 것이다. 6개국협의 수석대표를 역임하고 있던 김규관(외무차관) 등 정부고관이 베이징에 출장 갔을 때는 언제나 대사관의 숙박동에 체류하고 있었다.

대사관 사람들은 어떤 생활을 하고 있을까…….

나는 2015년 2월 16일, 대사관 동문 가까이에서 아침 풍경을 지켜보았다. '2월 16일'은 김정일의 탄생일로 경축일에 해당한다.

어린 아이가 엄마로 보이는 여성과 함께 걸어가고 있다. 일행이 되어 걷고 있는 여성들의 모습도 눈에 띤다. 다음에 젊은이. 중국의 대학에 다니는 학생일까? 친구들과 함께 담소를 나누면서 외출하려고 한다. 똑같이 맞추어 입은 붉은색 상하 운동복에 회색 다운코트를 입은 남성 3명이 걸어왔다. 복장으로 보면 스포츠 관계자로 보인다.

북한은 최근 우수한 스포츠 선수를 코치로 삼아 적극적으로 해외에 파견해 외화벌이를 하고 있다. 이 때문에 스포츠 관계자의 왕래가 활발해 대사관에 출입하는 모습을 자주 볼 수 있었다.

남성 한 명이 휴대전화를 손에 들고 와서 급하게 여성에게 건넸다. 여성은 전화를 받아들고 통화를 계속하고 있다. 북한대사관에서도 휴대전화는 이미 필수품이다. 많은 사람이 일상적으로 사용하고 있다. 스마트폰도 계속 보급하고 있다. 단 북한의 휴대전화는 해외에서는 통화할 수 없기 때문에 중국제 휴대전화를 가진 사람이 많은 것 같다.

동문 앞에서는 여성들이 배달된 식품을 실어 나른다. 안에 있는 매점과 식당에서 사용할 식품으로 보인다. 가벼운 복장의 젊은 여성들이 짐받이 수레에 물자를 산처럼 실어 올려 안으로 계속해서 나르고 있다. 문 앞에는 아직도 쌀과 파 등의 채소가 많이 남아 있다. 배달 차량 안에서 채소를 다 꺼내자, 이번에는 대량의 고기를 꺼냈다. 아무렇게나 땅에 놓고 가 버린다. 중국인 점원으로 보이는 여성이 전표를 손에 들고 주문을 확인하고 있다. 외부 자동차는 대사관 안에 들어갈 수 없는 것일까? 일단 문 앞에 식품을 내리고 짐받이 수레에 옮겨 싣고 있었다.

동문 바로 옆 낮은 건물의 간판에는 '이발 미용'이라고 적혀 있는 것을 볼 수 있었다. 머리카락을 자르려는 것인지 남성들이 들어간다. 이 외에도 슈퍼 등의 매점과 식당 등 대사관 안에서도 모든 생활이 가능하도록 설비가 갖추어져 있다.

대사관의 평소 생활을 소개하겠다.

월요일부터 목요일은 보통 업무이며 금요일은 '금요노동'이다. 금요노동이란 대사관 안의 정비와 청결 등의 노동봉사를 가리킨다. 북한에 있으면 현지에서 도로와 직장의 청소에 참여하게 된다. 토요일은 '토요학습'이다. 아침부터 대사관 안에서 열리는 강연회 등에 참가하여 김정은의 중요지시와 당의 방침 등을 학습한다. 오후는 북한의 신작 기록영화 등을 본다. 대사관에 있어도 북한의 정보에 둔해지지 않도록 노력하고 있다고 한다. 일요일은 휴일이다. 본국에서의 한 주와 거의 같은 일과다.

대사관 외에서의 단독행동은 원칙적으로 금지되어 있다. 지위가 높은 사람은 별개이지만 대체로 2인 1조로 행동하고 서로 감시하고 있다. 자유롭게 행동하는 일은 거의 불가능하다. 출입구는 오후 11시에는 폐쇄된다.

대사관 남성 직원의 즐거움이란 시간이 남으면 운동하고, 저녁이 되면 맥주를 마시는 것이라고 한다.

대사관 주변에는 한글 간판을 내 건 상점이 죽 들어서 있다. 양복과 안경, 전자제품 등 다양한 물건을 팔고 있다. 대개가 북한에서 출장 온 사람들이 이용하는 점포다. 대사관 직원이 동행하여 쇼핑하는 모습도 볼 수 있다. 북한에 보내기 위한 포장을 해주는 전문점에는 언제나 많은 손님이 끊이지 않는다.

대사관 바로 이웃한 곳에 '은반관銀畔館'이라는 상호의 북한식당이 있다. 북일국교정상화 교섭담당 대사인 송일호도 여기에서 식사를 한 적이 있었다. 대사관 바로 가까이에 있는 만큼 맛은 상당히 본국에 가깝다. 그렇지만 이 가게도 지금은 없다.

3. 소박한 대사관 운동회

좋은 성적은 충성의 증거

김정은은 북한을 '체육강국'으로 만들자고 강조하고 있다. 국제적인 스포츠 대회에도 적극적으로 선수를 파견하고 우수한 성적을 낸 경우는 대대적으로 선전한다. 스포츠를 통해서 국위를 선양하는 것으로 국민의 마음을 잡으려는 것이다. 2020년의 도쿄올림픽도 당연히 의식해 좋은 성적을 내도록 격려문을 띄웠다.

조금 지난 일이지만, 중국측의 통계로는 연간 6000명 정도의 북한 스포츠 관계자가 중국에서의 경기나 다른 국가로 시합을 갈 때 베이징의 대사관에서 숙박했다. 당과 정부 관계자 등을 합치면 연간 총 3만~4만 명이 대사관의 숙박시설을 이용한다고 한다.

2월 16일. 대사관 동문쪽에서 잇따라 사람들의 모습이 보였다. 외투와 정장 차림의 남성이 대부분이다. 가방을 들고 있는 사람도 많고 대사관 이외의 장소에서 온 사람도 섞여있는 것처럼 보였다. 이 날은 김정일 탄생일. 아침부터 축하집회에 참석했다가 마침 그것이 끝난 것 같다.

상당히 많은 사람이 대사관 안쪽에 있는 운동장을 향해 걸어가고 있다. 운동장을 보니 운동복 차림을 한 사람들이 늘어나 있었다. 많은 사람이 모여서 무엇인가 시작하려고 기다리고 있는 것 같았다.

검은색 운동복으로 맞추어 입은 사람들이 많이 있다. 운동복 상의에는 영문으로 DPRK(조선민주주의인민공화국)이라고 적혀 있었다.

뒤뜰에 모인 사람들의 일부가 하얀색 울타리를 옮기기 시작했다. 긴 울타리 몇 개를 옮겨 건물 옆에 바싹 붙여놓았다. 준비체조를 하려는지 팔을 흔들고 배구의 어택^{공격}같은 행동을 반복하는 남성도 있다. 상당히 의욕이 넘쳐 보인다. 회색 운동복으로 갈아입은 남성도 있다.

가슴에 단 북한 국기에는 역시 붉은색 글자로 DPRK라고 적혀 있다. 운동장 여기저기에는 남성들이 운동복으로 갈아입고 있다. 똑같이 맞추어 입은 운동복은 대사관에서 지급된 것일까? 신발도 운동화로 바꾸어 신고 있다.

아무래도 운동회가 시작될 것 같다.

이번에는 남성 2명이 책상을 옮겨온다. 계속해서 큰북도 등장했다. 경기에 사용할 도구들일까? 자전거를 탄 남성은 웬일인지 느릿느릿 달리고 있다. 현대적인 디자인의 스포츠 자전거다. 준비를 더 기다릴 수 없는지, 배구를 시작하는 집단도 있다. 공 처리 솜씨가 능수능란한 것을 보니 많이 해본 것 같다. 북한에서는 여가에 축구와 배구 등 운동을 장려하고 있다. 특히 남성은 몸을 움직이는 것을 좋아하는 사람이 많은 것 같다.

집합한 지 30여 분이 지나 드디어 사람들이 움직이기 시작했다.

여성이 많은 집단에는 노란색과 분홍색, 빨강색 등 다양한 색상의 외투가 눈에 띈다. 젊은 여성도 많이 참여하고 있는 것을 알 수 있다. 운동복 차림의 남성들도 모이기 시작했다. 운동장에 집단별로 정렬해 간다. 한 집단이 30~50명 정도일까. 4개의 조로 나뉘어 모여 있다.

집단으로 대항하는 운동회가 시작했다.

공이 빠른 속도로 이쪽저쪽으로 이동하고 있다. 되받아 공격한다. 나무에 가로막혀서 아래는 보이지 않지만 자전거인지 무언가 타고 있는 것 같다. 머리에 똬리를 올려놓고 그 위에 공을 얹어 놓은 채 떨어트리지 않도록 하면서 얼마만큼 빨리 달릴 수 있는가를 경쟁하고 있는 것이었다. 천천히 공이 떨어지지 않도록 신중하게 달리는 사람, 처음부터 빠른 속도로 달리는 사람, 공의 움직임과 함께 환성이 솟구친다. 공을 떨어뜨리지 않고 굉장한 속도로 움직여…… 그대로 골인! 여성들이 펄쩍 뛰며 박수치고 있다.

이번에는 자전거가 등장했다. 3개의 조가 자전거를 타고 천천히 달려간다. 간혹 휘청거리기도 한다. 아무래도 발을 땅에 대지 않고 얼마만큼 천천히 달릴 수 있는가를 경쟁하는 경주인 것 같다. 옆에 있는 사람은 심판으로 발을 땅에 댔는지 엄격히 감시하고 있다. 북한에서는 자주 하는 경기 일까? 심판까지 붙어 본격적이다.

경기 중에는 응원에도 열기를 띤다.

♪이겨라, 이겨라.

응원가가 울려 퍼진다. 응원 단장처럼 보이는 남성이 손을 흔들어 응원에 장단을 맞추고 마지막에는 박수를 치고 거츠포즈[2]를 해보였다.

경기 짬짬이 남성들이 비닐에 발을 넣고 발로 펄쩍펄쩍 뜀뛰기를 하고 있었다. 이것도 경기의 일종일까? 연습처럼도 보이기도 하고 놀고 있는 것처럼도 보였다.

흥에 취한 주재원들

지네경주[3]와 북한 특유의 경기를 섞어 운동회는 재미를 더해갔다.

확성기를 든 남성이 경기에 관해 설명하고 있다. 주자의 발목에는 2개의 공, 손에는 배턴을 들고 있다. 각각의 라인 옆에는 심판이 지키고 있다. 신호와 함께 2개의 공을 차면서 달리기 시작한다. 그러나 두 개의 공을 동시에 통제하는 것은 매우 어려운 기술이다. 각자 다음 주자에게 배턴과 함께 두 개의 공을 건네주려고 하지만 골 앞은 공과 사람이 뒤섞여서 대혼란이 벌어졌다.

경기의 마무리는 줄다리기였다.

여성도 섞여서 줄을 잡는다. 응원단도 모두 일어서서 응원한다. 운동장을 가늘고 길게 사용해서 줄이 준비되었다. 줄은 오랫동안 사용한 것 같았다.

2　운동선수들이 불끈 쥔 주먹을 가슴에 대거나 머리 위로 치켜 올려 승리를 나타내는 자세.

3　여러 명이 일정한 거리를 두고 연결된 상태로 한 조가 되어, 속도를 겨루는 경기.

삑— 하고 호루라기 소리와 함께 줄다리기가 시작되었다. 허리를 낮추고 힘껏 잡아당기는 양쪽 팀. 하지만 점차 한쪽이 질질 끌려간다. 이긴 팀은 참가자도 응원단도 만세를 부르며 서로 승리를 기뻐한다.

경기가 끝나자 다시 정렬한 다음, 경기 결과가 발표되고 있는 것일까? 박수를 치고 각 조의 건투를 칭찬하고 있다.

우승한 팀일까? 금색 트로피를 대수롭지 않게 들고 있는 남성이 웃는 얼굴로 동료와 얘기하고 있었다.

참가상처럼 보이는 것도 배부되어 많은 사람이 공책 같은 것을 손에 들고 있었다.

남녀혼합에 연령도 다양하지만 운동회는 2시간 이상 뜨겁게 달아올랐다.

이 모습을 보면서 북한 사람들의 있는 그대로의 모습을 엿본 기분이 들었다. 순박한 사람들의 모습이었다. 북한의 보도에서 실제로 본 시끄러운 정치선전과 군사 퍼레이드에서 보이는 열광적인 김정은 숭배를 외치는 사람들과는 전혀 다른 모습이었다. 최고지도자와 그 측근이 보이는 강경 자세와 지금 눈앞의 순박한 사람들과의 차이, 이것을 메꾸어가는 것도 언론의 역할이 아닐까 생각했다.

4. 모란봉 악단 '추적하는 취재'를 해보았다

김정은 직속의 미녀악단

분명히 그녀들은 이색적인 미녀악단이었다.

김정은이 스스로 선발하고 결성시킨 여성 그룹 '모란봉악단'이다. 그 구성원이 2015년 12월 중국을 방문하였다. 첫 외국공연은 북한과 중국의 관계개선의 선구로서 주목을 받은 중국공연이었지만 그녀들은 갑자기 공연을 취소하고 귀국해버렸다. 나는 모란봉악단의 '추적하는 취재'를 하려고 베이징 도착에서 출발까지의 자초지종을 밀착 취재했다. 모란봉악단에게 무슨 일이 일어났던 것일까? 갑자기 약속을 깨버린 수수께끼를 찾았다.

모란봉악단, 2012년 7월에 데뷔공연으로 미국영화 로키의 메인 테마곡을 연주하고 월트디즈니 컴퍼니의 미키마우스와 곰돌이 푸의 캐릭터와 함께 디즈니의 노래를 열창하였다. 북한이 적국으로 삼은 미국의 음악과 팝송을 대중 앞에서 처음 공개하여 세계를 깜짝 놀라게 하였다. 김정은 직속의 '1호 악단'으로서 순식간에 북한을 대표하는 음악 그룹이 되었다.

◀ 중국공연으로 베이징에 간 모란봉악단

그 모란봉악단이 만반의 준비를 갖추고 북한군 합창단과 함께 중국을 방문해 첫 외국공연에 임하게 되었다.

출발 때에는 북한의 서열 5위 김기남(조선노동당 서기, 당시)과 리진쥔李進軍 주북한 중국대사 등과 평양역에서 배웅하였다. 공연은 북한과 중국의 관계개선을 내외에 알리기 위한 것으로 성공하면 김정은의 첫 중국방문 준비 작업이 되는 것이라고 기대되고 있었다.

12월 10일 이른 아침, 일행은 베이징역에 도착하였다. 모란봉악단의 단원들은 똑같이 맞춰 쓴 모피 모자에 탁한 황갈색 외투를 입은 모습이었다. 짐은 각자 손에, 호텔에 들어가는 단원 중에는 샤넬마크가 달린 가방을 든 여성도 있었다.

"한 말씀 부탁드립니다"라고 말을 걸어보니…….

"크게 환영해주셔서 감사합니다. 중국에 친근감이 생깁니다. 공연이 잘 되도록 노력하겠습니다."

여성단원이 수줍어하면서 인터뷰에 응해주었다.

외국 언론의 취재는 처음이었던 것 같다.

여성들의 머리모양은 목덜미가 보일 정도로 짧게 자른 단발이나 층을 낸 커트 머리가 많다. 군 소속이기 때문에 모두 군복을 착용하고 있다. 어깨에는 계급장, 가슴에는 김일성 뱃지가 빛난다. 군의 합창단은 남성주체인데 두 악단을 합쳐 100명 이상의 대형 방문단이 되었다.

이 만큼의 대인원이 방문하게 되면 이동만으로도 큰일이다. 초청기관은 중국공산당의 대외연락부가 담당하였다. 대형버스 8대를 전세 내고 호텔도 모두 중국측이 마련했다. 중국측은 공연에 최대한 배려했다. 한편 북한측도 악단이 평양을 출발할 때 조선노동당 간부가 모두 모이는 등 양쪽 모두 공연을 매우 중시하고 있다는 것을 보여 주었다.

호텔에서 점심을 마친 일행은 리허설을 위해 극장으로 향했다. 의상과 악기를 손에 들고 버스를 탔다.

공연 3일 전이다. 회장은 베이징에서 제일가는 '국가대극원國家大劇院' 극장이다. 입장권은 일반판매는 하지 않고 초대 손님에게 한정되었다. 중국의 최고 지도부, 시진핑 국가주석과 상무위원급이 관람하는 것은 아닌지 소문이 나돌고 있었다.

중국 체류 2일째. 일행은 오전에 베이징동물원을 참관하였다. 그러나 견학한 것은 동물원의 팬더가 아니라 해양관이었다. 처음에는 인터뷰에도 응해주었던 그녀들이었지만, 식당에서 한국의 연합뉴스 기자가 잠입해 단원에게 접촉을 시도한 것을 계기로 경호가 강화되었다. 호텔을 드나

들때 기자들에게 에워싸여도 침묵한 채 엘리베이터에 타 버린다. 대량의 골판지 상자가 운반된 것도 목격되었다. 김치 40봉지. "맛있게 드세요"라고 적힌 종이가 붙어 있었다. 단원들에게 보내는 것일까?

"(언론이)매번 사진을 찍으니 어떻게 대응해야할지 모르겠습니다."

긴 머리의 여성이 중국 관계자에게 이렇게 호소하였다. 모란봉악단의 현송월 단장이다. 현송월 단장은 이전에는 은하수관현악단의 최고 가수로 활약했으며 한국 언론에서 김정은의 옛 애인이라고 전해진 적이 있다. 북한측의 책임자로서 악단의 지휘를 맡고 있었다.

◀ 현송월 모란봉악단 단장

오후는 다시 리허설이다.

둥, 둥, 둥…….

국가대극원 홀에서 꼼꼼히 리허설을 하는 멤버들. 군복에 넥타이를 매고 조금 거친 느낌으로 연주하고 있었다.

무대에는 중국인민군을 가리키는 '八一(팔일)'[4] 이라는 글자가 보인다. 중국의 병사를 칭찬하는 '영웅찬가'를 연습하고 있었다. 북한과 중국의 우

---

4   중국인민해방군 창군기념일이 8월 1일이다.

호를 알리기 위해 중국어 노래도 연주하는 것 같다.

본방 전이기도 해서 이 날의 리허설은 6시간 가까이 했다. 연습을 끝낸 멤버들은······.

Q. 춥지 않습니까?······. (고개를 흔든다)

A. 몇 곡 준비했습니까?······. (답 없음)

Q. 공연, 잘 할 수 있습니까?······. (대부분 웃는다)

Q. 자신 있습니까?

A. 네

이렇게 말하는 순간 중국측이 막았다. 다른 질문에는 대부분 답하지 않았지만 공연에는 자신 있다고 단호하게 대답해 주었다. 극장을 떠날 때는 버스에서 상냥하게 손을 흔들고 있었다. 이때 까지도 공연이 중단될지 전혀 눈치 챌 수 없었다.

뜻밖의 이변

그리고 맞이한 공연 당일.

이변이 일어난 것은 정오가 조금 지났을 무렵이었다.

모란봉악단 단원들이 여행가방과 그 외의 짐들을 들고 나왔다. 대형버스가 아닌 북한대사관의 자동차에 나누어 타고 짐을 싣고 있다. 지금까지와는 달라진 행동이다. 공연 당일인데 도대체 어디를 가겠다는 것일까.

악단이 탄 자동차는 국가대극원을 지나쳐 공항 방향으로 달렸다.

공항에 도착해 자동차에서 내리자, 웃음 띤 얼굴은 없고 모두 굳은 표정이다. 물어봐도 아무 대답 없이 묵묵히 항공회사의 사무실로 들어갔다.

결국 악단은 그대로 평양행 비행기를 타고 귀국해버렸다. 공연은 중지되었다. 남아있던 군 합창단도 밤 열차로 베이징을 떠났다. 모란봉악단의 중국공연은 환상으로 끝났다…….

공연 전날은 착실히 리허설을 했고 공연이 취소될만한 일이 전혀 없었던 것을 생각하면 문제가 발생한 것은 그날 밤부터 아침이라고 볼 수 있다.

김정은이 직전의 시찰에서 북한이 이미 수소폭탄을 보유하고 있다고 발언한 데다, 중국측 간부 출석취소, 김정은의 옛 애인 보도 등등 여러 가지 이유가 거론되었다.

중국 관계개선의 계기로 삼아 요란한 선전으로 준비된 공연이다. 그 약속을 갑자기 깬 것은 북한에게 절대 양보할 수 없는 문제가 일어났기 때문이라고 생각할 수 있다. 중국측 관람인사의 격을 낮춘 것이 불만이었을까? 연주곡목에 관계된 것일까? 이유는 불확실하지만 아마도 김정은에 관한 일 때문에 중국측과의 사이에 차질이 생긴 것이 아닐까?

나는 그 2개월 전에 평양에서 모란봉악단의 공연을 보았다. 김정은과 당에게 충성을 맹세한 노래가 대부분이고, 배경에는 미사일과 핵개발을 자랑하는 것 같은 영상을 내보내고 있었다. 분명히 중국측이 문제 삼아도 이상하지 않을 내용이 포함되어 있었다.

북한 관계자는 갑자기 약속을 깬 이유를 이렇게 설명했다.

평양에서 공연에 앞서 북한과 중국이 미리 의논할 때 중국측이 김정은에 대한 충성의 노래가 너무 많으므로 변경해 달라고 요구했다. 그 때는 북한측도 승낙했지만, 베이징에서의 리허설에서는 내용을 변경하지 않았다. 북한측은 "김정은이 지시한 공연내용을 바꾼 적은 절대 없다"라고 중국측 요구를 일축하였다. 중국측은 이런 공연은 최고지도부에게 보일 수 없다고 판단하였고, 출석자의 계급을 상무위원에서 차관급으로 격을 낮췄다. 북측은 이에 화를 내고 모란봉악단을 철수시켰다.

한편, 한국 국정원은 연주곡목과 수소폭탄 발언 등이 복합적인 요인으로 작용했다는 견해였다.

중국은 6개국협의의 의장국으로서 북한의 핵문제를 중시하고 있었다. 김정은의 수소폭탄 보유 발언과 핵개발을 과시하는 자세를 문제시 했을 가능성이 높다고 분석하였다.

중국외무성과 신화사 통신은 공연중지의 원인에 관해 '소통부족에 의한 차질' 때문이라고 설명하는 한편, "중국은 북한과 중국의 문화교류를 중시하고 있으므로 앞으로도 교류를 계속해 나갈 것이다"라고 북한에 대한 비판을 피했다. 모란봉악단이라는 단어는 인터넷에서 검색할 수 없게 하는 등 소란스런 분위기를 가라앉히려고 애를 썼다.

한편, 북한측은 공연중지에 관해서 전혀 보도하지 않았고 악단의 평양 출발 뉴스는 인터넷에서 삭제되었다.

모란봉악단이 돌연 약속을 깬 후 북한과 중국 관계에 큰 그림자를 드리웠다. 만약 그 때, 방중공연이 성공했더라면 중국의 여론이 약간 호전되고, 그 후의 북한과 중국의 관계도 변했을지 모른다. '김정은의 지도를 변경하는 일은 용납할 수 없다'라는 이유로 갑자기 공연취소를 강행했던 모란봉악단. 결국 모든 것은 김정은에 대한 충성경쟁에서 비롯된 것이었을까? 혹은 김정은 자신이 '핵문제에서는 개입하지 마라'고 중국에게 강한 메시지를 전하고 싶었는지도 모른다.

5. 북한식당에서의 외화벌이

세일즈 포인트는 여성 웨이트리스

중국에는 많은 북한 주민이 돈벌이를 하러 온다. 북한식당의 종업원도 그 업종의 하나다.

북한요리를 먹으면서 평양 출신 웨이트리스의 노래와 무용을 즐긴다. 이 북한식당은 중국을 중심으로 세계 각지에 점포를 운영하고 있다. 물론 일본은 제외다. 평양김치와 평양냉면, 개고기, 소라 등 북한요리를 중심으로 메뉴를 골고루 갖추고 점포에 설치한 무대와 개인용 독방의 노래방기기를 이용해 여종업원이 노래와 밴드연주를 선보인다.

북한식당 관계자에 의하면 중국의 경우, 북한의 정부기관과 유력호텔이 중국기업과 합작하여 경영하고 있는 경우가 많다. 북한측이 여종업원과 조리사를 파견하고 식기 등을 가져간다. 자금과 점포는 중국측이 제공한다. 지금까지 북한의 유력한 외화벌이 수단으로서 존재감을 발휘해왔다.

내가 주재하고 있던 베이징에서 가장 큰 북한식당이 '베이징 평양 해당화'다. 예전부터 베이징 중심부인 신위앤리新源里, 왕징望京, 챠오와이따지에朝外大街에 각각 점포를 운영하고 있었다. 그 외에도 '평양 은반관', '금강원', '평양 카페바', '묘향산 반점', '평양관' 등의 북한계 식당이 진출해 있었다.

북한식당의 세일즈 포인트는 물론 여종업원이다. 2002년 부산 아시아대회에서 유명해진 '미녀응원단'과 닮은 미인들이다. 그러나 여성들은 모두 똑같은 화장을 하고 있다. 손님과의 대응도 매뉴얼대로이고 웃음 띤 얼굴을 하면서 눈은 웃지 않는 것 같은 느낌이다.

북한식당도 김정은 체제가 되면서 이변이 생겼다.

2016년 4월, 중국 저장성浙江省의 북한식당에서 일하고 있던 13명의 종업원이 한국에 집단으로 망명하였다. 지도부에 보내는 상납금이 부담스러워 탈출을 결의했다고 보인다. UN 제재 등으로 북한식당의 경영이 어려워졌다는 것은 앞에서도 말했지만 집단 탈북은 이례적이다.

북한식당의 종업원은 당간부들의 가족 등 출신성분이 비교적 좋고 사상적으로도 확고한 사람이 뽑힌다고 여겨져 왔다. 사상교육과 상호감시를 철저히 해왔을 북한에 무슨 일이 일어난 걸까?

마스크를 하고 고개를 숙이고 걷는 여성들. 한국에 집단탈북 한 13명의 북한식당에서 일한 여성 12명과 남성지배인 1명의 사진을 한국 통일부가 공개했다. 다양한 색상의 다운재킷을 입고 여행 가방을 끌고 있다.

한국 통일부는 탈북의 이유에 관해 "북한 당국으로부터 요구된 외화상납 등 압박이 계속되어 이에 상당한 부담을 느끼고 있었다"라는 언급이 있었다고 밝혔다. 종업원들은 북한 지도부에 보내는 상납금 부담을 견딜 수 없어 탈출을 결의했다고 볼 수 있다.

"해외에서 생활해 한국의 TV드라마, 영화, 인터넷 등을 통해 한국 실정과 북한 체제선전의 허구성을 알게 되었다……."

이렇게 증언하는 종업원도 있었다.

해외에서 생활하는 사이에 한국 정보와 드라마 등을 접하게 되어 한국을 동경하는 한편, 북한 체제에 환멸을 느끼게 되었다는 것도 이들의 결의를 뒷받침해 주었던 것 같다.

해외에서도 사상교육은 철저

나는 동료가 촬영한 영상에 놀랐다.

♪안녕하세요~

여 종업원이 한 곳에 한데 모여 앉은 베이징의 북한식당. 영업전에는 전원이 모여 사상학습에 몰두하는 일과의 모습을 영상으로 볼 수 있었다.

"경애하는 김정은 동지를 조선노동당 제1서기에 높이 추대한 것을 내외에 엄숙히 선언했습니다."

리더격인 여성이 애플사 제품의 노트북을 손에 들고 인터넷에 게재된 노동신문 기사를 낭독하자 박수가 터져 나왔다.

이때는 2012년 4월, 김정은이 '조선노동당 제1서기'에 추대된 바로 다음날이었다.

해외의 북한식당에 파견된 사람은 당과 군관계자의 자제 등 출신성분이 좋고, 중산계급 이상이며 사상적으로도 견고하다고 여겨지는 '선택된 사람들'이다. 사상학습이 끝나면 마지막은 일어서서 애국가 연주를 듣는다. 해외에서도 철저한 상호감시와 사상교육이 의무화되어 있다는 것을 알 수 있다.

이야기를 들어보았다.

"(북)조선의 장래는 경애하는 김정은 동지의 현명한 령도하에서 더욱 빛나 비약할 것입니다. 그렇게 믿고 있습니다."

"해외에서의 생활에 불편한 것은 없나요?"

"우리들의 생활 구석구석까지 배려해주시는 따뜻한 조국의 품에 싸여 아무 근심걱정 없이 행복하게 지내고 있습니다."

모범대답이 돌아왔다.

쉬는 날에는 무엇을 하고 있는지 물어보니…….

"쉬는 날은 동료들과 유원지나 동물원에 가기도 하며 놉니다. 해외에 있어도 북한의 새 영화를 보거나 노래방에서 노래부르며 매일 밤, 동료들과 즐겁게 지내고 있습니다."

◀ 영업전에 사상학습에 몰두하는 북한식당의 종업원 (2012 4월)

북한식당에서 일하는 종업원들이 카메라 앞에서 상냥하게 대답하는 것
은 드물다. 대다수 가게에서는 공연촬영도 금지되어 있는 것이 보통이다.
김정은 체제발족 초기 무렵에는 북한측의 호위도 지금처럼 완고하지는
않았다는 것을 보여주는 하나의 예이다.

예전에 중국의 북한식당은 한국인 관광객에게도 인기 있는 관광명소
였다. 한국에서는 '남남북녀'라는 말이 있다. 북한 여성은 미인이 많다
고 생각하고 있다. 평상시 접할 수 없는 평양미인과 사진을 찍고 싶어
하는 한국인 남성 때문에 투어에도 북한식당이 편입되어 있다.

그러나 2016년 3월에 한국 정부가 단독 제재의 일환으로 해외에 있는
북한식당의 이용을 금지하였다. 그 후 중국의 북한식당에서 일하는 종업
원이 집단으로 한국에 망명하자 남북의 대립이 격화되었다.

북한측은 "한국의 정보부원이 종업원을 포섭하고 속여 데리고 갔다.
'유괴·납치행위'다"라고 맹렬히 반발하였다. 또한 한국 정부에게 '사과하
고 즉시 인도'를 요구하고 응하지 않으면 "상상할 수 없는 중대한 재난과
징벌조치가 따를 것이다"라고 경고했다.

해외의 북한식당에는 종업원을 감시하는 국가보위성의 요원이 있어 이

상이 없는지 감시를 게을리 하지 않고 있다. 엄격한 감시를 어떻게 벗어났을까? 이 점은 밝혀지지 않았다. 북한측은 한국 정보당국에 의한 '유괴·납치'라고 비난하고 있지만 관계자의 처벌은 불가피하다. 감시와 억압이 한층 심해졌다.

그래도 북한 엘리트의 탈북은 끊이지 않는다.

"김정은 체제에 진저리가 났고 자유와 민주주의를 동경했다. 아이들의 장래를 걱정하고 있다."

주영 북한대사관의 넘버2였던 태영호 공사는 2016년 8월, 가족과 함께 한국으로 건너왔다. 북한 외교관의 탈북으로는 최고 고위층이다. 7월에는 러시아 주재 북한대사관 3등 서기관, 홍콩에서 열린 국제수학올림픽에 참가한 대학생의 탈북이 전해졌다. 한국 언론은 2016년 여름까지 한국에 망명한 북한 외교관은 10명 정도라고 보도하였다.

'김정은 체제에 균열이 생기고 있는 것은 확실하다.'

한국 통일부는 엘리트 망명이 이어지고 있는 것에 관하여 이렇게 분석하였다. 한편 "붕괴로 연결되는 '방아쇠'가 될 것인지 어떤지는 좀 더 두고 볼 필요가 있다"라는 견해도 표명하였다.

베를린 장벽은 동독에서 여행의 자유가 인정된 것을 계기로 국민이 벽에 밀려들어 붕괴되었다.

북한에서의 탈출자가 급증하고 그 기세가 멈출 수 없는 단계가 되면 그야말로 김정은 체제가 붕괴하는 방아쇠가 될지도 모른다.

그러나 김정은은 공포정치로 체제의 재무장을 꾀한다. 핵·미사일 폐기를 끝까지 거부하고 있다.

맺음말

벌가벗은 임금님일까? 독재자일까?……김정은 체제의 행방

객석에 남녀노소가 뒤섞여 앉아 모두가 만면에 미소를 짓고 있다. 눈은 호기심에 넘쳐 반짝반짝 빛나고 입은 크게 벌린 채 몸을 앞뒤로 흔들고 있다. 박수치면서 때때로 제각각 환성을 지르고 있다. 내 기억에는 2013년 9월, 평양 릉라인민유원지의 돌고래관에서 쇼를 관람할 때의 관객들 모습이 선명하게 살아있다. 뜻밖에도 북한 관람객은 놀라울 만큼 놀이를 좋아했다.

사육사가 지시하면 돌고래가 수면을 상하로 흔든다. 3마리가 수중 발레를 하면서 물 위로 올라왔다가 또 되돌아간다. 거기에 인어와 바다의 요정이라고 일컬어지는 클리오네[1]처럼 의상을 입은 여성들도 섞여 있다. 돌고래는 무대에 올라가기도 하고 사육사에게 입맞춤을 하기도 하고, 입으로 축구 골대에 슛을 하기도 한다. 관객들은 진심으로 쇼를 즐기고 있는 것 같다.

흔히 북한 TV에서 보는 부자연스러운 아나운서나 시민 퍼레이드에서 '김정은 만세'를 외치는 얼굴과는 전혀 다르다. 그야말로 생기 넘치는 모습이었다.

---

1   홋카이도(北海道) 연안에서 볼 수 있는 길이 3~4cm의 방추형의 껍질 없는 조개의 일종.

김정은은 유원지와 물놀이장 등의 오락시설의 건설에 주력해 왔다. 릉라유원지도 그 중의 하나다. 2012년 7월의 유원지 개장에 앞서 김정은 자신이 간부와 함께 절규머신에 시승했을 때 크게 기뻐하며 떠들던 장면을 기억하는 분도 많을 것이다.

릉라유원지 취재를 신청하자, 오후 8시라고 지정되었다. "어린이 유희시설인데 어째서 이렇게 늦은 시간에?" 라고 묻자, 안내원은 "평양의 유원지 대부분은 18시~24시 야간업무입니다. 낮에는 노동과 학습으로 바쁘기 때문에 스트레스 해소를 하는 것은 밤이기 때문입니다"라고 설명하였다.

즐거워하는 북한 주민들의 모습을 보면서 나는 생각했다.

왜 김정은은 지금까지 북한에는 없었던 새로운 오락시설을 잇따라 건설하는 것인가. 자신이 즐겁다고 느꼈던 오락을 주민들에게도 느껴보게 하려는 것이 아닌가.

돌고래관 건설에는 거액의 외화가 투입되었다. 사육하는 돌고래는 8마리. 야생 돌고래는 포획이 금지되어 있기 때문에 구입하는 데 한 마리당 30~50만 달러가 필요하다. 또 서해에서 바닷물을 끌어들이기 위해 대규모 공사도 시작되었다. 한국 언론은 주변의 릉라인민유원지의 개발과 합쳐 11억 8000만 달러가 사용되었다고 추정하고 있다.

확실히 최고지도자가 된 직후, 김정은은 '인민 사랑으로 넘친 지도자'라는 이미지를 주민에게 확산시키려 하고 있었다. 그래서 북한 주민은 사회가 변화될 것이라는 기대로 명랑함이 있었다. 생활도 조금씩 좋아지기 시작하고 있었다.

본문에서도 설명했듯이 김정은이 핵·미사일 개발로 기울게 된 계기는 숙부인 장성택의 숙청이다.

이런 증언이 있다.

2012년 12월 말, 북한지도부 내부에서 핵실험을 둘러싸고 격론이 오갔다.

김경희·장성택부부와 강석주 등 당시의 경제·외교 팀은 모두 실험에 반대하고 있었다. 한편 당시의 조선인민군 총정치국장이었던 최룡해 등 군부는 '핵실험을 해야만 한다'고 주장했고 김정은은 결국 군부의 주장을 받아들였다고 한다.

2013년 2월, 북한은 세 번째 핵실험을 단행했다.

이 무렵부터 김정은의 장성택에 대한 의심이 움트고 있었던 것 같다.

4개월 후, 한국전쟁 60주년 식전행사에 중국은 리위안차오李源潮 국가부주석을 파견해 북한과 중국의 관계는 융화무드로 돌아섰다. 그러나 그것도 오래 지속되지는 않았다. 이 해의 12월, 중국과 관계가 두터웠던 장성택이 전격 숙청되고 중국과의 관계는 또 다시 빙하기에 돌입했다.

김정은은 중국의 뜻을 무시하듯이 지금 핵·미사일개발에 매진하고 있다. 리비아와 이라크처럼 핵을 내놓으면 몰살된다고 믿고 있기 때문이다. 틈을 보이면 한국과 미국이 '참수작전'이라는 명목을 붙여 자신을 암살할 것이라고 경계하고 있다. 그 초조함과 의구심이 김정은을 핵·탄도미사일 개발로 몰아가고 있다.

그렇기 때문에 하루라도 빨리 미국 본토에 도달하는 대륙간탄도미사일(ICBM)을 완성시키지 않으면 안 된다. 그래야 비로소 미국과 대등하게 협상가능하다고 생각하고 있는 것이다. 김정은은 약점을 보일 수 없다. 그것을 보이게 되면 북한 내부에 동요가 일어나 권력기반이 약화된다. 이것은 특권계급도 마찬가지일 것이다. 이 때문에 미국의 군사압력에 굴복하지 않고 끝까지 대항할 자세를 드러내 보여야한다. '독립기념일의 선물'이라고 칭하는 ICBM을 발사하는 것은 필요 이상으로 도발적인 태도를 취할 수밖에 없기 때문이다.

그렇지만 이것에 동반하는 경제제재의 중압은 점차로 서민의 생활을 압박하기 시작하고 있다. 유가는 급등하고 자급자족이 장려되고 있다. 금년 초에는 김정은이 '어로전투'를 명령하여 북동부의 청진 등에서 동해로 오징어 낚시배가 밀려왔다. 열악한 연료를 이용한 조잡한 목조선의 표류가 급증하고 있다.

북한은 아무리 압박당해도 완성 일보직전에 와 있는 핵·미사일 개발을 폐기하는 일은 없을 것이다. 몇 번이나 언급했듯이 그것이 김정은에게는 절대로 손을 뗄 수 없는 생명선이기 때문이다.

평창 동계올림픽을 계기로 대화의 움직임도 보였지만, 핵·미사일 개발의 시간벌기에 이용한 것은 아닐까. 북한과 미국 간의 긴장이 재차 고조되어 군사충돌로까지 발전하는 사태가 되면, 일본은 현행법 아래에서 최대한 미국에 협력을 하고있어서 일본 국내의 미군기지와 원자력 발전소 등의 주요시설이 공격목표가 되는 것은 불가피하다.

한국에 거주하는 4만 명의 재류 일본인의 피난은? 북한에서 도망쳐 일본으로 오는 난민 대책은? 한반도 유사시에 일본은 꼼짝없이 휘말릴 것이다. 그 일을 지금부터 잘 생각해 두지 않으면 안 된다.

최대한의 압력에 의해 김정은이 핵·미사일 폐기를 결단하고 미국과의 협상을 개시한다……. 너무 낙관적일지도 모른다. 이런 시나리오가 실현되면 무력충돌의 위기는 피할 수도 있을지도 모른다.

지금까지 알게 된 북한 사람의 얼굴이 떠오른다. 그들의 장래에 어떤 운명이 기다리고 있을까? 심기불편한 지도자 김정은이 북한 사람들을 더 이상 괴롭히지 않기를 기도할 뿐이다.

이 원고를 정리할 수 있었던 것은 무엇보다도 후지TV보도국, 국제취재부의 협력 덕분이다. 베이징, 서울지국에서 취재를 함께 한 동료, 스탭에게 특히 신세를 많이 졌다. 집필에 있어서는 헤이본샤平凡社 출판사의 가나자와 도모유키님에게 다양한 조언을 받았다. 책을 쓴다는 첫 체험에 무엇부터 손을 대야 좋을지 어찌할 바를 모르고 있던 때에 마이니치신문 외신부의 구도 아키라기자와 니시오카 쇼지부장 두 분이 손을 내밀어 힘이 돼 주셨다. 이 자리를 빌어 가슴깊이 감사의 말씀을 드린다.

또 이 원고는 개인의 견해를 정리한 것으로 소속 기관의 논조와는 관계가 없음을 부기해 두겠다.

TV에서 볼 수 없는 북한

초판 1쇄 인쇄 2022년 06월 01일
초판 1쇄 발행 2022년 06월 10일

지은이 가모시타 히로미
옮긴이 이용화
펴낸곳 논형
펴낸이 소재두
등록번호 제2003-000019호
등록일자 2003년 3월 5일
주소 서울시 영등포구 당산로 29길 5-1 502호
전화 02-887-3561
팩스 02-887-6690
ISBN 978-89-6357-261-1 03300
값 18,000원